PHÄNOMINT
WISSEN • FORSCHEN • STAUNEN

Martin Verg

Unsichtbares sichtbar machen

Verborgenen Phänomenen auf der Spur

mit Illustrationen von
Peter Zickermann und
Dr. Gaëlle Rosendahl

moses.

Impressum

Die Ratschläge in diesem Buch sind von dem Autor und dem Verlag sorgfältig erwogen und geprüft worden. Dennoch kann eine Garantie nicht übernommen werden. Eine Haftung des Verlags für Personen-, Sach- und Vermögensschäden ist ausgeschlossen.

moses. Verlag GmbH
Arnoldstraße 13d
47906 Kempen
Fon 02152 - 20 98 50
Fax 02152 - 20 98 60
Mail info@moses-verlag.de
www.moses-verlag.de

ISBN 978-3-96455-254-9

Text: Martin Verg
Illustrationen: Peter Zickermann, Dr. Gaëlle Rosendahl (S.15 u., S. 27 u., S. 29 u., S. 57 u.)
Lektorat: Elena Bruns
Layout, Typographie und Satz: Melanie Dahmen, Grafik-Design & Art-Direction
Herstellung: Nicole Bienia
Redaktion: Geesche Oetken

Klimaneutral Druckprodukt
ClimatePartner.com/14161-2001-1001

FSC www.fsc.org
MIX
Papier | Fördert gute Waldnutzung
FSC® C018236

Printed in Poland

Bildnachweis
Umschlag: @Shutterstock: Pixel-Shot (U1, Regenbogen), LuYago (U1, Röntgen), cosma (U4, Waage). **@Adobe Stock:** nj_musik (U1, Himmel), Romolo Tavani (U1/U4, Lichter), svetazi (U1, Box).
Innen: Tessiner Kulissen (Verg, S.6), Peter Zickermann (Zickermann, S.6), Geesche Oetken (S.23, o.) **@Shutterstock:** Volurol (S.4, Hören), tilialucida (S.4, Riechen), Seika Chujo (S.4, Schmecken), Konstantin Aksenov (S.5, Fühlen), Just dance (S.5, Sehen), 4zevar (S.4-5, Symbole), SvetaZi (S.7), Virrage Images (Auto, S.9), Lars Hallstrom (S.9 u.r.), Pixel-Shot (S.11 o.), Supawit Srethbhakdi (S.12 u.r.), petrroudny43 (S.12, u.l.), Titolino (S.2/S.13, Geldscheine), beton studio (S.13, Kassenlampe), somavarapu madhavi (S.14 u.), Igor Nikushin (S.15 o.), Touchi19 (S.16 u.), Budimir Jevtic (S.17 o.), Oleksandr Nagaiets (S.17 u.), ANNA_KOVA (Noten S.18), Kitreel (S.18 u.), Oleksiy Mark (S.19, Notenheft), Giuseppe Piazzese (S.19, Mozart), Steve Lovegrove (S.19 u.), Blue Planet Studio (S.21), Yulia Furman (S.22 u.), Milanchikov Sergey (S.23 m.), goffkein.pro (S.23 u.), New Africa (S.25 o.), Ekaterina43 (S.25 u.), Andrey Armyagov (S.27 o.), Benedikt Juerges (S.29 o.), vchal (S.3/S.29 Seismograf), nnattalli (S.31 o.), silabob (S.2/S.33, Gewächshaus), JV Korotkova (S.33 u.), marketa1982 (S.35), Mrs_ya (S.37 o.), Piotr Wytrazek (S.37 m.), lomiso (S.37 u.), Tomas Ragina (S.39), SergeUWPhoto (S.41 o.), Adrien Ledeul (S.41 m.), Frennet Studio (S.42 u.), Avigator Fortuner (S.43 gr.), ForeverLee (S.43 u.), Saulius Damulevicius (S.45 o.), cherryyblossom (S.45 m.), Soho A Studio (S.47 o.), Mohammed_Al_Ali (S.47 m.), Kletr (S.47 u.), dimitris_k (S.49), Ilya Andriyanov (S.50 u.), FamVeld (S.51 o.), PIJITRA PHOMKHAM (S.51 m.), Taleseedum (S.51 u.), ElenaBaryshnikova (S.53 o.), Andrii Spy_k (S.53 m.l.), VGstockstudio (S.53 m.r.), cosma (S.53 u.), LuYago (S.55 o.), karelnoppe (S.55 m.), Everett Collection (S.55 u.), Bushko Oleksandr (/S.3/S.57 Abdruck), Darko Cacic (S.57 m.), vitstudio (S.59 m.), Monkey Business Images (S.59 o.), Tonhom1009 (S.59 u.), Berna Namoglu (S.61 gr.), vovidzha (S.61 u.), GBStills (S.63, groß), Prostock-studio (S.63 u.).

Alles klar?
Spannende Quizfragen zu den einzelnen Kapiteln findest du auf den Seiten: 20, 34, 48, 64.

Das erwartet dich in diesem Buch:

Das macht Sinn!

Hören, riechen, schmecken, tasten und sehen – kennst du diese fünf? Das sind unsere Sinne, wie sie schon die alten Griechen vor bald 2.500 Jahren beschrieben haben: Mit diesen Fähigkeiten nehmen wir Menschen die Welt um uns wahr. Diese Fähigkeiten haben sich seither nicht verändert. Was sich hingegen verändert hat, ist die Forschung. Wissenschaftlerinnen und Wissenschaftler sagen heute: Vielen Dank, liebe Griechen, das war schon nicht schlecht. Aber wir denken, es gibt da noch ein paar weitere Sinne, die in die Liste gehören. Zum Beispiel die Fähigkeit, warm und kalt zu erspüren; oder Schmerz zu empfinden; oder das Gleichgewicht halten zu können. Selbst das Gefühl von Hunger und Durst sollten wir als Sinne anerkennen.

Wieder was gelernt!

Fest steht auch, dass wir unsere Sinne allesamt brauchen. Es ist ziemlich blöd, keinen Schmerz zu spüren und deshalb zu lang auf der heißen Herdplatte sitzen zu bleiben. Jeder unserer Sinne eröffnet uns Zugang zu Dingen, die uns andernfalls verborgen blieben. Stelle dir einfach mal kurz vor, wie es wäre, nicht schmecken oder riechen zu können. Oder nichts zu hören, nichts zu sehen. Es gibt viele Menschen, denen geht das so. Denen fehlen ein oder mehrere Sinne, und die haben es nicht immer leicht in unserer Welt. Wenn etwa Musik läuft oder jemand mit uns spricht – und in unseren Ohren bleibt es still. Bei denen müssen dann die anderen Sinne möglichst viel von dem ausgleichen, was fehlt. So haben Menschen, die nicht sehen können, meist einen Gehörsinn, der dem von anderen Leuten haushoch überlegen ist.

Und was hat das mit diesem Buch zu tun?

Die Frage, die dieses Buch beantworten will, passt super in diesen Zusammenhang. Sie lautet nämlich: Ist Unsichtbares wirklich unsichtbar – oder kann man diese Dinge doch irgendwie sehen?

Die Antwort kann ich hier schonmal geben: ja. Wer damit zufrieden ist, kann das Buch an dieser Stelle wieder zuklappen.

Wenn du aber neugierig bist, und ich glaube, das bist du, lade ich dich aber dringend zum Weiterblättern ein. Auf den folgenden Seiten wirst du nämlich nicht nur eine Menge erstaunlicher Dinge erfahren, du wirst auch ganz viel selbst ausprobieren können: Wie man Musik sichtbar macht (Seite 16), je besser übrigens, je lauter sie ist. Oder die Bewegung der Erde (Seite 28). Oder Temperatur (Seite 38). Das funktioniert selbst mit so etwas wie Gefühlen, die ja oftmals verborgen tief in uns drin sind (Seite 62).

Insgesamt laden dich 25 mal kleinere, mal größere Experimente dazu ein, in die vermeintlich unsichtbaren Welten vorzudringen – wie einen Forschenden auf eine Expedition in ein unbekanntes Land. Dabei wünsche ich dir viel Spaß!

Aber bevor du loslegst, möchte ich mich noch bedanken. Und zwar bei Prof. Dr. Wilfried Rosendahl und Dr. Gaëlle Rosendahl von den Reiss-Engelhorn-Museen in Mannheim. Die haben mich nämlich auf die Idee zu diesem Buch gebracht – als sie mir erzählten, dass sie eine Ausstellung zu genau demselben Thema machen würden. Auch einige der Illustrationen im Buch stammen aus dieser Ausstellung. Vielen Dank dafür!

Legende

Am Anfang jedes Experiments findest du eine kleine Übersicht, was dich bei diesem Experiment erwartet:

Dieses Symbol erklärt, welches Phänomen bei diesem Experiment sichtbar wird.

Dieses Symbol weist darauf hin, welchen Schwierigkeitsgrad das Experiment hat. 1 Stern bedeutet, dass das Experiment ganz einfach ist, 2 Sterne stehen für den mittleren Schwierigkeitsgrad, 3 Sterne zeigen, dass das Experiment zu den schwierigen gehört.

Dieses Symbol zeigt den Zeitbedarf an. Die Angabe „einfach" heißt, dass sich das Experiment innerhalb weniger Minuten umsetzen lässt. Für Experimente mit der Zeitangabe „hoch" solltest du etwa 20-30 Minuten einplanen.

Die Hand bedeutet, dass du Hilfe von einem Erwachsenen benötigst. Ist sie durchgestrichen, ist keine Hilfe notwendig.

Martin Verg ist Journalist und Autor. Nach mehr als zehn Jahren als Chefredakteur der Kinderzeitschrift GEOlino schreibt er inzwischen vor allem und am liebsten Bücher für junge Leserinnen und Leser, mal schräge Krimis, mal schlaue Sachtitel, moderiert oder macht Podcasts.

Peter Zickermann (Jahrgang 1965) lebt und arbeitet in Bielefeld. Nach dem Abitur Studium der Visuellen Kommunikation, Abschluss Diplom 1992. Nach der Arbeit in verschiedenen Agenturen seit 1998 selbstständig mit den Schwerpunkten Illustration, Typografie und Buchgestaltung. Dozent an zwei Hochschulen.

1.

LICHT UND TON

Musik kann man hören, aber nicht sehen? Stimmt. Eigentlich. Doch hier erfährst du, wie man mit Tönen sogar Feuer löschen kann. Und das ist dann ganz und gar nicht zu übersehen. Außerdem lernst du ein paar schlaue Tricks kennen, um selbst solches Licht sichtbar zu machen, für das menschliche Augen ansonsten nicht gut genug sind.

Lichtstrahlen einfach gering nein

Was du brauchst:

- 1 Taschenlampe
- verdunkelten Raum
- 1 Handvoll Mehl oder Kreidestaub

Willkommen im Kegelclub

Eigentlich komisch: Licht ist hell – und trotzdem kann man es nicht immer sehen. Manchmal hilft aber schon eine Prise Mehl dabei.

Wie du es machst:

1. Stelle dich in den dunklen Raum und schalte die Taschenlampe an. Lenke ihren Strahl auf eine Wand. Was siehst du dort? Einen leuchtenden Kreis – aber nichts von den Strahlen.

2. Nimm nun das Mehl oder Kreidepulver und lass es von oben und möglichst weit gestreut zwischen Lampe und Wand herabrieseln. Auf einmal wird auch das Strahlenbündel sichtbar, das die Lampe aussendet, und von dem du bisher nur das Ende gesehen hast, wo es auf die Wand prallt. Mit Glück kannst du sogar genau erkennen, wie das Bündel immer dicker wird, je weiter es sich von der Lampe entfernt. Daher spricht man auch von einem Lichtkegel.

Was ist passiert?

Lichtstrahlen werden für uns erst sichtbar, wenn sie auf unsere Augen treffen. Also zum Beispiel, wenn du direkt in die Lampe guckst – was du natürlich nicht tun solltest! Oder aber, wenn sie auf etwas treffen, wovon sie reflektiert werden, also abprallen und umgelenkt werden. Das kann die Wand sein, weshalb du dort einen runden Lichtfleck siehst. Das kann ein Gegenstand sein, den sie auf dem Weg streifen. Das können aber auch unendlich viele kleine Staubkörnchen sein, an denen das Licht tausendfach abprallt und in alle möglichen Richtungen gelenkt wird. Eben auch in deine Augen. Wo also die Lichtstrahlen auf Mehl oder Kreidepulver treffen, werden sie sichtbar. Wo kein Licht hingelangt, segeln die Körnchen unsichtbar zu Boden. Erst wenn du die Vorhänge wieder öffnest oder das Deckenlicht einschaltest, siehst du auch sie. Das ist dann der Moment, wo du den Staubsauger oder den Besen holen solltest ...

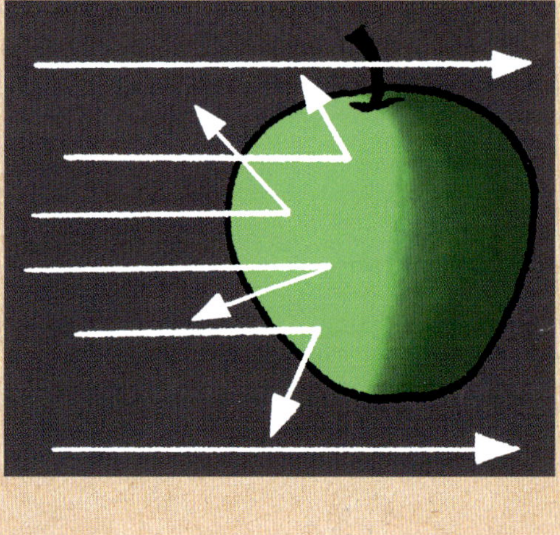

Wo kannst du es sehen?

Du hast es bestimmt selbst schon erlebt. Manchmal fährt man abends oder nachts im Auto oder mit dem Fahrrad und die Scheinwerfer erleuchten die Straße vor dir wie der leuchtende Taschenlampenkreis an der Wand im Experiment. Manchmal kannst du das Licht der Scheinwerfer aber auch wie suchende Strahlen durch die Dunkelheit scheinen sehen. Das geschieht immer dann, wenn es etwa neblig ist. Der Nebel besteht aus winzigen Wassertröpfchen, die das Licht genauso reflektieren wie das Pulver in deinem Experiment.

Spektralfarbe | mittel | mittel | nein

Was du brauchst:

- 1 eckige Schale aus Glas oder durchsichtigem Kunststoff, halbvoll mit Wasser
- 1 kleinen Spiegel
- 1 kleines Steinchen oder eine Münze
- 1 Taschenlampe
- möglichst dunklen Raum mit weißer Wand (es funktioniert auch im Hellen, aber nicht so beeindruckend)

Weiß ist bunt

Wenn du die Farben eines Tuschkastens miteinander verrührst, entsteht ein unansehnliches Matschbraun. Wenn man alle Farben des Regenbogens miteinander vermischt, entsteht reines Weiß. Oder andersrum: Weißes Licht ist in Wahrheit bunt. Probier's einfach selbst.

Wie du es machst:

1. Stelle die halbvolle Schale etwa einen Meter entfernt vor die weiße Wand.

2. Setze den Spiegel in die Schale und lehne ihn an die Seite des Gefäßes, die der Wand gegenüberliegt. Der Spiegel steht schräg in der Schale und der untere Teil ist möglichst weit von Wasser bedeckt. Nimm das Steinchen oder die Münze als Stütze zu Hilfe, damit der Spiegel nicht wegrutscht.

3. Nimm die Taschenlampe und leuchte damit durch das Wasser hindurch auf den Spiegel.

4. Wenn der Winkel stimmt, erscheint der vom Spiegel umgelenkte Lichtstrahl an der weißen Wand hinter der Taschenlampe. Allerdings ist er jetzt nicht mehr weiß, wie er auf den Spiegel geprallt ist – sondern von rot bis violett zerlegt in die Farben des Regenbogens. Um den richtigen Winkel zu finden, musst du sicher ein bisschen herumprobieren. Eventuell musst du auch den Spiegel ein bisschen steiler oder flacher lehnen lassen.

Was ist passiert?

Zwar sieht Licht weiß aus, besteht aber aus allen Farben des Regenbogens. Licht bewegt sich in Wellen fort und jede Lichtfarbe hat ihre eigene Wellenlänge. Rot hat zum Beispiel eher lange Wellen, Violett eher kurze. Wenn die Lichtwellen deiner Taschenlampe nun auf die Wasseroberfläche in der Schale treffen, wird jede Wellenlänge in einem anderen Winkel gebrochen. Dann wirft der Spiegel sie zurück – und sie werden erneut gebrochen, wenn sie das Wasser wieder verlassen. Durch diese doppelte Brechung wird das Licht so zerlegt, dass das menschliche Auge seine unterschiedlichen Bestandteile, also die einzelnen Farben, erkennen kann.

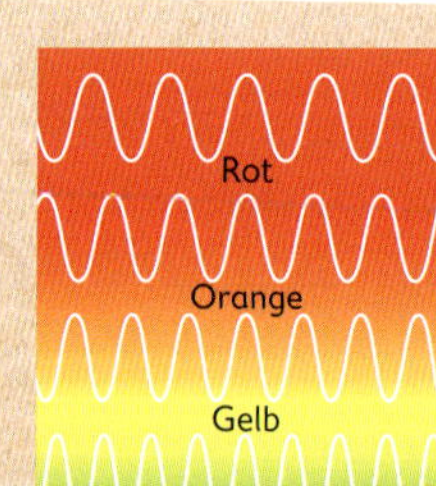

Die verschiedenen Lichtwellen

Wo kannst du es sehen?

Was du mit Spiegel und Wasserschälchen veranstaltet hast, passiert in der Natur ständig – und in riesengroß: Wenn während eines Regenschauers die Sonne herauskommt und so steht, dass die Wassertropfen das Licht ihrer Strahlen brechen, wird es ebenfalls in seine Bestandteile zerlegt: Rot, Orange, Gelb, Grün, Blau, Violett! Was du als Regenbogenfarben kennst, heißt auf Naturwissenschaftlich übrigens Spektralfarben. Denn das ist das Spektrum von Farben, die unser Auge sehen kann.

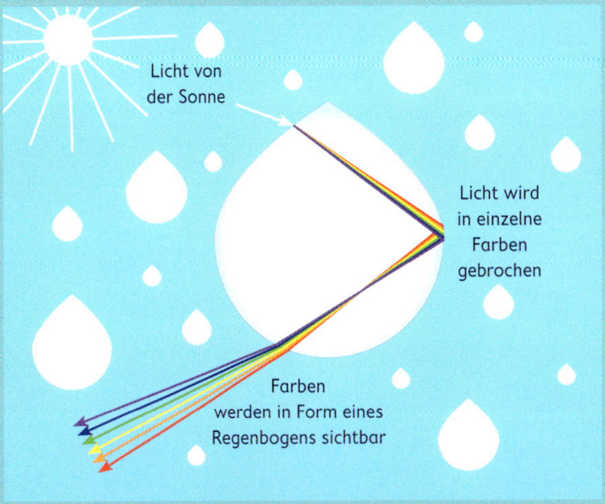

Ultraviolettes Licht | einfach | gering | nein

Was du brauchst:

- 1 Glas Tonic Water
- 1 UV- oder Schwarzlicht-leuchte
- verdunkelbaren Raum

Gar nicht mehr so Ultra

Es gibt noch mehr als die Farben des Regenbogens. Doch für manches Licht sind wir leider blind. Da müsste man schon eine Biene sein. Die Insekten können nämlich auch Licht wahrnehmen, das wir nicht sehen können. Mit ein paar Tricks wird dieses sogenannte ultraviolette Licht aber auch für menschliche Blicke sichtbar.

Tipp!

Wenn du keine UV- oder Schwarzlichtlampe hast, kannst du aus deinem Handy ein Schwarzlicht basteln.

1. Klebe einen durchsichtigen Klebestreifen über die Taschenlampe deines Handys und übermale die Stelle über der Lampe mit blauem Folienstift.
2. Ist die Farbe getrocknet, klebst du einen zweiten Streifen darüber und übermalst ihn erneut mit Blau.
3. Den Abschluss bildet ein dritter Klebestreifen, den du mit lilafarbenem Folienstift übermalst. Mit eingeschalteter Taschenlampe kannst du nun das Tonic Water leuchten sehen. Der Effekt ist nicht ganz so deutlich, wie mit einer echten Schwarzlichtlampe – aber immerhin!

Wie du es machst:

1. Stelle das Glas vor dich auf den Tisch oder auf den Boden, je nachdem, was der Raum so hergibt. Bevor du ihn verdunkelst, sieh dir das Tonic Water genau an. Es ist klar und farblos wie Sprudel.

2. Jetzt verdunkle den Raum, schalte die UV-Leuchte an und richte sie auf das Glas. Das eben noch durchsichtige Getränk beginnt zu leuchten, als stünde es selbst unter Strom.

Was ist passiert?

UV steht für Ultraviolett. Soll heißen, dieses Licht kommt im Farbspektrum nach Violett – und liegt damit in einem Bereich, den das menschliche Auge nicht mehr wahrnehmen kann. Normalerweise. Fällt dieses Licht aber auf einen fluoreszierenden Stoff, wird es sichtbar. Einmal kurz eingeschoben: Fluoreszieren bedeutet, dass ein Stoff selbst Licht abgeben kann, wenn er von anderem Licht getroffen wird. In der Regel von besonders energiereichem Licht, wie es UV-Licht ist. Dann gibt der getroffene Stoff selbst energieärmeres Licht ab – was für uns den Vorteil hat: Es liegt in einem Bereich, den wir sehen können. Der Stoff, der im Tonic Water dafür sorgt, ist das Chinin. Das ist ein bitteres Pulver, das aus der Rinde des Chinarindenbaumes gewonnen und auch in der Medizin verwendet wird.

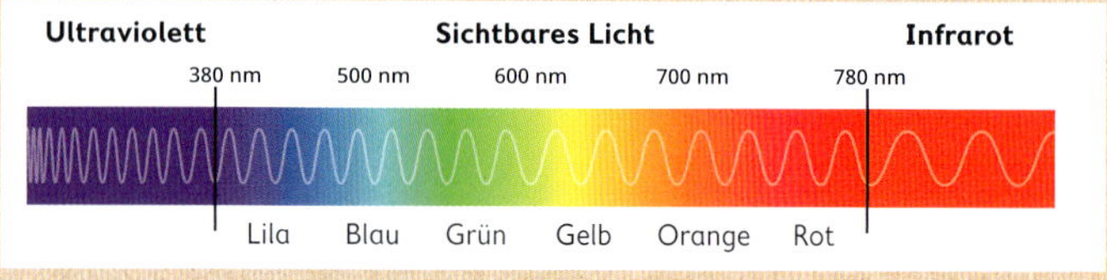

Die Abkürzung nm steht für Nanometer. Die meisten Menschen können Licht zwischen etwa 380 und 780 Nanometern sehen.

Chinarindenbaum

Wo kannst du es sehen?

Dinge unter UV-Licht leuchten zu lassen, ist ein Trick, der an vielen Stellen zum Einsatz kommt, wenn es um Sicherheit geht. Geldscheine, Reisepässe oder Personalausweise werden mit Hilfe von fluoreszierenden Stoffen fälschungssicher gemacht. Vielleicht hast du es schon mal beim Bezahlen an der Kasse erlebt: Schiebt eine Kundin einen 50- oder gar 100-Euro-Schein herüber, hält der misstrauische Kassierer den erstmal unter eine spezielle Lampe. Auch die leuchtet ultraviolett und bringt bei einem echten Schein bestimmte Stellen des Scheins, wie zum Beispiel die Sterne der Europa-Flagge, zum Strahlen.

Schall · mittel · gering · nein

Lass den Zucker zappeln

Was du brauchst:

- 2 Weingläser
- 1 Stück Frischhaltefolie
- etwas Salz oder Zucker

Je nachdem, wie gut deine Ohren sind, kannst du die allermeisten Töne hören. Mit diesem kleinen Experiment kannst du sie sogar sichtbar machen.

Wie du es machst:

1. Als Erstes eine kleine Vorübung: Stelle eines der Gläser vor dich und halte es mit einer Hand am Stiel fest. Befeuchte die Zeigefingerspitze deiner anderen Hand mit etwas Wasser oder Spucke und führe sie auf dem Glasrand immer im Kreis. Wenn du das richtige Tempo und den richtigen Druck gefunden hast, beginnt das Glas zu klingen wie eine Orgelpfeife.

2. Wenn das geklappt hat, kannst du das andere Glas vorbereiten. Spanne die Frischhaltefolie straff wie ein Trommelfell über seine Öffnung. Dann streust du vorsichtig ein paar Zucker- oder Salzkörner darauf.

3. Schiebe beide Gläser so eng aneinander, dass sie sich gerade eben noch nicht berühren. Dann lässt du deine befeuchtete Zeigefingerspitze wieder ihre Runden auf dem Glas ohne Folie drehen.

4. Während das eine Glas zu klingen beginnt, fangen die Körner auf dem anderen einen lustigen Tanz an und hüpfen wild herum.

Was ist passiert?

Physikalisch betrachtet, bestehen alle Töne, Klänge und Geräusche – ähnlich wie das Licht – aus Wellen. In diesem Fall sind es Schallwellen. Wie bei Wellen auf dem Meer, wo abwechselnd ein Berg und ein Tal auf dich zurollen, wird bei Schallwellen die Luft abwechselnd zusammengedrückt und wieder auseinandergezogen. Schon die Druckveränderung der Luft um das Glas herum, die dein Ton in diesem kleinen Experiment erzeugt, versetzt die straff gespannte Folie stark genug in Schwingungen, um die Körnchen darauf hüpfen zu lassen.

Wo kannst du es sehen?

In der Anleitung unter „Punkt 2“ kam der Begriff Trommelfell vor. Nicht ganz zufällig: Gemeint war zwar das Fell, mit dem eine Trommel bespannt ist. Aber du weißt ja sicherlich, dass du deine eigenen Trommelfelle stets dabeihast – in deinen Ohren. Erst sie lassen dich überhaupt Dinge hören. Und das funktioniert im Prinzip ganz ähnlich wie im Experiment: Erreichen Schallwellen deine Ohren, beginnen die Trommelfelle zu schwingen, wie die Frischhaltefolie, und nehmen so den Klang auf. Auch Mikrofone haben übrigens eine eingebaute, hauchdünne Folie, die in Schwingungen versetzt wird. Diese Schwingungen werden in elektrische Signale umgewandelt und können so aufgenommen oder über große Entfernungen übertragen werden.

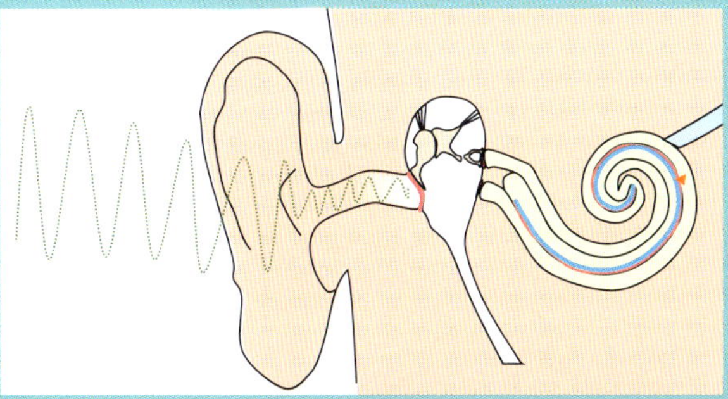

Schallwellen treffen in deinem Ohr aufs Trommelfell und versetzen es in Schwingung.

Schall · einfach · gering · ja

Feuerlöschen im Takt

Mit Tönen und Klängen kannst du Feuer zum Tanzen bringen – und es im Zweifelsfall sogar löschen. Das ist allerdings ganz schön laut …

Was du brauchst:

- 1 brennende Kerze im Kerzenhalter
- 1 Musikanlage mit ordentlichen Lautsprechern
- 1 Song mit fetten Bässen und Beats

Wie du es machst:

1. In das Gehäuse großer Lautsprecher sind verschiedene Töner eingebaut, die jeweils bestimmte Töne wiedergeben. Dabei ist die Regel: Je kleiner der Töner, desto höher die Töne, die er hervorbringt. Stellt den Kerzenhalter so hin, dass die Kerzenflamme direkt vor dem größten dieser Töner brennt, das ist der für die Bässe. Und zwar möglichst nah heran – aber bitte vorsichtig! Eine brennende Box ist dieses Experiment hier nicht wert …

2. Mach den Song an und beobachte: Ertönen besonders kräftige Bässe oder tiefe Trommelschläge, beginnt die Kerzenflamme zu zucken. Und zwar umso heftiger, je lauter die Musik spielt. Mit besonders großen Boxen – und Eltern und Nachbarn, die das mal kurz ertragen, ohne gleich zu schimpfen – ist es sogar möglich, die Kerzenflamme zu löschen!

Was ist passiert?

Dass alle Geräusche, jeder Klang, jeder Ton aus Wellen besteht, die in der Luft Druck erzeugen, hast du schon beim vorangegangenen Experiment mit den tanzenden Salzkristallen gesehen. Im Prinzip geschieht hier genau das Gleiche. Nur jetzt hat das Ganze Rhythmus, die tanzende Flamme zeigt dir das Tempo eines Liedes an.

Wo kannst du es sehen?

Auf großen Konzertbühnen ist die Beleuchtung fast genauso wichtig wie die Musik, die gespielt wird. Stell dir vor, deine Lieblingsband spielt unter kaltweißen Neonröhren, als würden sie im Krankenhaus auftreten oder auf dem Schulflur. Ein echter Stimmungskiller! Besser sind zum Beispiel farbige Strahler, die sich bewegen lassen – und am besten noch im Takt der Musik aufblitzen. Das funktioniert oft ganz ähnlich wie mit deiner Kerze: Die Lichtanlagen haben eingebaute Mikrofone. Die nehmen die Musik auf, übersetzen Takt und Töne in elektronische Signale – und lassen so die Lichter im ganzen Saal zum Rhythmus des Songs pulsieren.

Musik · mittel · gering · nein

Die wahre Weltsprache

In den vorherigen Experimenten hast du den ein oder anderen Trick kennengelernt, um Töne sichtbar zu machen. Allerdings ist das immer nur für den Augenblick. Um sie sozusagen für die Ewigkeit festzuhalten, braucht es mehr: eine Schrift!

Was du brauchst:

- Stift und Papier
- Bei Bedarf Lineal

Wie du es machst:

1. Unsere heutige Notenschrift besteht, ähnlich wie die Schrift, die du hier gerade liest, aus ziemlich vielen Zeichen und Symbolen. Sie lesen zu können, ist wie eine Fremdsprache zu beherrschen. Schnappe dir Zettel und Stift und zeichne die unten beschriebenen Noten nach.
2. Am wichtigsten, um eine Melodie aufzuschreiben und damit sichtbar zu machen, sind die Tonhöhe und die Tonlänge. Die meisten Lieder bei uns sind in einem Vier-Vierteltakt geschrieben. Das heißt, du kannst beim Hören ganz einfach den Takt schlagen: Eins, zwei, drei, vier ... immer wieder von vorn!
3. Jeder dieser Schläge ist eine Viertelnote, die sieht so aus: 
4. Und was ist mit kürzeren oder längeren Tönen? Kein Problem, auch dafür gibt es Noten. Ist ein Ton zwei Schläge lang, sieht das so aus: 
5. Ist ein Ton so kurz, dass zwei davon auf einen Schlag passen, sieht das so aus: 
6. Um zu beschreiben, wie hoch der Ton ist, den man dabei spielen soll, platziert man diese Viertelnote höher oder tiefer auf den fünf Notenlinien: Liegt eine Note oberhalb der mittleren Notenlinie, zeigt ihr Hals nach unten, liegt sie darunter, zeigt er nach oben. Mit einem Lineal kannst du dir fünf Linien auf dein Blatt zeichnen und verschieden hohe Noten daraufsetzen.

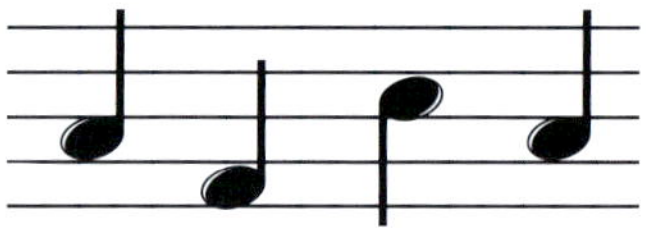

Was ist passiert?

Falls du nicht sowieso ein Instrument spielst und über diese erste Einführung ins Notenschreiben und -lesen lachst, hast du gerade sozusagen deine ersten Wörter in einer neuen Sprache gelernt: der Sprache der Musik! Das Tolle ist, dass nicht nur du auf diese Weise Melodien sehen kannst – die Notenschrift wird weltweit verwendet. Was immer du notierst, können Menschen auf allen Erdteilen nachspielen, ohne dass es große Erklärungen braucht. Musik ist also sozusagen die wahre Weltsprache.

Wo kannst du es sehen?

In jedem Liederbuch, in jedem Notenheft. Und das schon seit ein paar Hundert Jahren. Was große Komponisten wie Beethoven oder Mozart einst aufgeschrieben haben, könntest du heute theoretisch also einfach nachspielen. Auch wenn es noch immer andere Systeme gibt, hat sich dies hier beschriebene aus den fünf Linien, den Takten und den runden Noten mit ihren Hälsen über die Jahrhunderte immer weiter durchgesetzt. Und es ist auch immer raffinierter geworden, um die Musik möglichst genau einfangen zu können: Ist ein Ton laut oder leise, wird er betont oder nicht, verbinde ich mehrere Töne miteinander oder soll jeder für sich stehen: Für all das gibt es Zeichen – viel mehr als die 26 Buchstaben des Alphabets und ein bisschen Punkt, Komma, Strich …

Kurzer Check ✔

Hast du Töne? Bestimmt ist dir auf den letzten Seiten das eine oder andere Licht aufgegangen. Alles behalten? Dann strahlst du gewiss bei diesem kleinen Quiz!

1. Warum macht Mehl Lichtstrahlen sichtbar?

a) Die Strahlen werden davon zurückgeworfen wie von einer Wand.
b) Weil es weiß ist.
c) Tut es doch gar nicht!

2. Warum braucht ein Regenbogen Sonne?

a) Braucht er nicht, sieht aber hübscher aus.
b) Weil die Wasseratome in den Regentropfen durch die Wärme zum Leuchten angeregt werden.
c) Das weiße Sonnenlicht bricht sich in den Regentropfen und wird in seine farbigen Bestandteile zerlegt.

3. Warum heißt Ultraviolett Ultraviolett?

a) Im Farbspektrum liegt es jenseits von Violett und ist damit für unsere Augen nicht mehr sichtbar.
b) Weil es ein besonders kräftiger Lilaton ist.
c) Es ist eine Mischfarbe zwischen Violett und Ultra. So wie Orangerot oder Blaugrün.

4. Warum heißt ein Teil deines Ohres Trommelfell?

a) Es hat dieselbe Form.
b) Wie bei einer Trommel beginnt es zu schwingen und zu vibrieren, wenn Töne darauf treffen.
c) Weil es dicht behaart ist.

5. Wie viele Schläge hat eine Viertelnote im Vier-Vierteltakt?

a) Einen Viertelschlag.
b) Einen Schlag.
c) Eine Note zeigt einen Ton an, keinen Schlag!

1a) Lichtstrahlen werden für uns erst sichtbar, wenn sie auf unsere Augen treffen. Also schaust du entweder direkt in die Lampe – oder ihre Strahlen werden vorher umgelenkt, zum Beispiel vom Mehl in der Luft. Mehr dazu auf Seite 8. **2c)** Wenn die Sonnenstrahlen durch die Tropfen scheinen, werden sie dabei mehrfach umgelenkt – und dabei in die typischen Regenbogenfarben aufgefächert. Mehr dazu auf Seite 10. **3a)** „Ultra" bedeutet jenseits. Und das passt: Ultraviolett ist jenseits der Farben, die unsere Augen noch wahrnehmen können. Mehr dazu auf Seite 12. **4b)** Jedes Geräusch, das deine Ohren erreicht, bringt die Trommelfelle zum Vibrieren. Diese Bewegung wird von ihnen tiefer ins Ohr weitergeleitet. Mehr dazu auf Seite 14. **5b)** Ein Vier-Vierteltakt besteht, wie der Name sagt, aus vier Vierteln. Mehr dazu auf Seite 18.

2.

FEUER UND ERDE

Wann wird ein Plastiklöffel zum Magneten? Warum sind Zitronen elektrisch? Und wie kannst du die unablässige Bewegung der Erdplatten unter deinen Füßen messen? In diesem Kapitel geht es um ein paar der Kräfte, die ständig um uns herum wirken, ohne die das Universum nicht dasselbe wäre – und die wir trotzdem manchmal erst mit ein paar Tricks sichtbar machen können.

Geheimschrift | mittel | mittel | ja

Pst ... geheim!

Eben noch liegt ein weißes Blatt Papier vor dir, plötzlich erscheinen wie von Zauberhand Buchstaben. Was nach Magie klingt, ist reine Chemie – sogar waschechte Küchenchemie!

Was du brauchst:

- 1 dünnen Pinsel
- Zitronensaft
- Papier
- Jemanden, mit dem du deine Geheimbotschaften austauschen kannst
- Kerze oder Bügeleisen

Wie du es machst:

1. Tunke den Pinsel in den Zitronensaft und schreibe damit deine Nachricht auf das Papier.

2. Lass die Schrift trocknen, schwupps, ist sie nicht mehr zu sehen.

3. Um die Botschaft sichtbar zu machen, hältst du – oder dein Geheimnachrichten-Austauschpartner – das Papier vorsichtig über eine brennende Kerze. Passt auf, dass es kein Feuer fängt. Wenn zwischen Flammenspitze und Papier noch ein, zwei Handbreit passen würden, ist das Blatt nah genug. Wahlweise kannst du die geheime Botschaft auch heiß bügeln.

Was ist passiert?

Wie kann es sein, dass die Schrift eben noch unsichtbar ist – und kaum erhitzt ihr sie, erscheinen die Buchstaben gut leserlich auf dem Papier? Das Geheimnis liegt in den Inhaltsstoffen des Saftes. Neben ganz viel Wasser gehören dazu auch Kohlenhydrate. Das sind Nährstoffe, die in unserer Nahrung enthalten sind. Bei Hitze färben sie sich braun und verkohlen schließlich. Das tut das Papier zwar auch, aber eben erst bei einer höheren Temperatur. Kohlenhydrate sind für uns lebenswichtig, da sie unserem Körper Energie liefern. Besonders unsere Muskeln und das Gehirn brauchen sie. Kohlenhydrate bestehen aus chemischen Zuckerverbindungen und sind in ganz vielen Dingen enthalten, die wir essen oder trinken. Du kannst statt Zitronensaft daher auch Apfelsaft verwenden.

Wo kannst du es sehen?

Der Braunfärbung von Kohlenhydraten durch Hitze begegnest du zum Beispiel in der Küche oder spätestens am Esstisch ständig: Fleisch wird beim Braten braun, Brot beim Toasten. Am extremsten ist es vielleicht, wenn du schneeweißen Zucker in der Pfanne erhitzt. Ab einem bestimmten Punkt schmilzt er zunächst, dann wird er zu herrlich braunem Karamell. Allerdings ist es gut, diesen Prozess, egal ob bei Brot oder Zucker, rechtzeitig zu stoppen. Denn Kohlenhydrate bestehen, vereinfacht gesagt, aus Kohlenstoff und Wasser. Erhitzt man sie sehr stark, trennt sich das Wasser vom Kohlenstoff und verdampft. Zurück bleibt der reine Kohlenstoff. Mit anderen Worten: Das Essen ist verkohlt – und damit ungenießbar.

Fliegender Pfeffer

Versehentlich Pfeffer und Salz vermischt? Kein Problem, mit ein bisschen Reibungselektrizität bekommst du die beiden sauber getrennt – und machst dabei diese unsichtbare Kraft sichtbar!

Was du brauchst:

- Salz
- gemahlenen Pfeffer
- 1 Blatt Papier
- 1 Plastiklöffel oder 1 Plastikstift
- 1 Stück Stoff (zum Beispiel das T-Shirt oder den Pullover, die du gerade anhast)

Wie du es machst:

1. Streue Salz und Pfeffer auf das Papier, sodass sie richtig schön miteinander vermischt sind.

2. Nimm den Löffel und reibe ihn für eine halbe Minute kräftig am Stoff.

3. Halte den Löffel dann knapp über die Gewürzmischung auf dem Papier – und sieh zu, wie der Pfeffer hochhüpft und sich an den Löffel haftet, während das Salz einfach liegen bleibt.

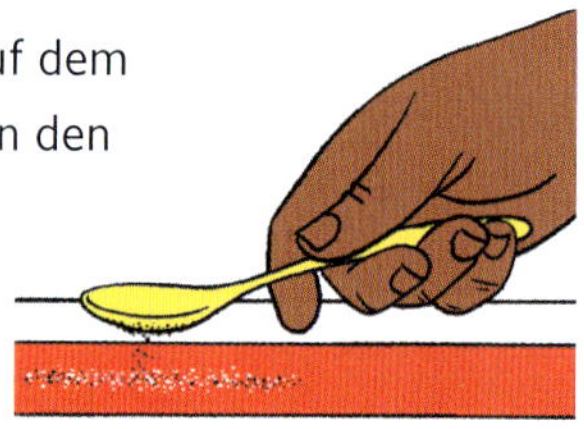

Was ist passiert?

Durch die Reibung lädst du Löffel und Stoff elektrisch auf. Und das geht so: Winzige negativ geladene Teilchen, die Elektronen, wandern bei starker Reibung von einem Stoff zum anderen. Der Gegenstand, der Elektronen aufnimmt, ist dann negativ geladen. Derjenige, der Elektronen abgibt, ist positiv geladen. Das Ganze nennt man Reibungselektrizität. Daher muss es übrigens auch ein Plastiklöffel sein. Einer aus Metall kann elektrischen Strom leiten, der würde sich nicht aufladen. Die elektrische Ladung des Löffels wirkt nun wie ein Magnet und kann daher Gegenstände anziehen. Weil sie aber nur sehr schwach ist, reicht die Anziehungskraft nur für Gegenstände, die sehr leicht sind. Gemahlener Pfeffer zum Beispiel. Die Salzkörner hingegen sind meist schon zu schwer, andernfalls würden sie ebenfalls abheben.

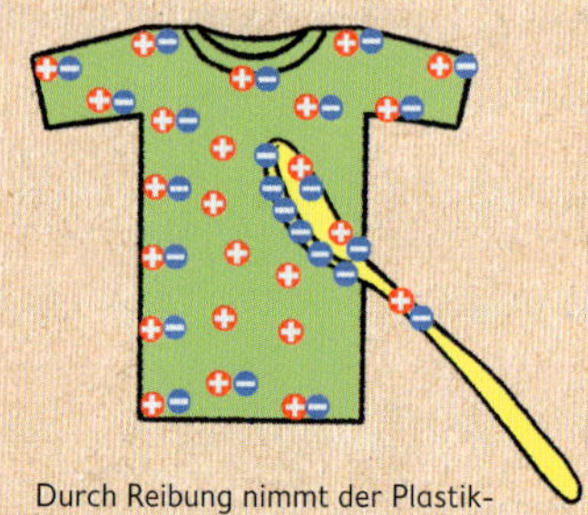

Durch Reibung nimmt der Plastiklöffel Elektronen vom T-Shirt auf. Er ist jetzt negativ geladen.

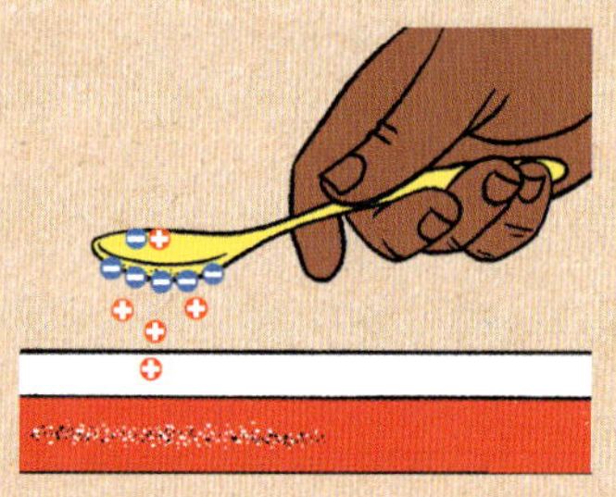

Der negativ geladene Plastiklöffel zieht nun positiv geladene Teilchen an.

Wo kannst du es sehen?

Tatsächlich entsteht Reibungselektrizität ziemlich oft, nämlich wenn zwei nichtleitende Materialien aneinander gerieben werden. Sichtbar wird das zum Beispiel, wenn du mit dem Kamm durch frischgewaschene Haare fährst. Dann kann es sein, dass die Haare am Kamm festzukleben scheinen. Es kann passieren, wenn du Klebefilm von der Rolle abziehst und er sich sogleich wieder aufrollt. Und manchmal bekommst du die Reibungselektrizität zwar nicht zu sehen – aber zu spüren. Bestimmt hast du schon mal eine Türklinke angefasst und dabei einen kleinen elektrischen Schlag bekommen? Das geschieht, wenn du mit Schuhen über einen Teppichboden geschlurft bist, ehe du das Metall der Klinke berührst.

Schwerkraft | mittel | mittel | ja

Was du brauchst:

- 1 Streichholzschachtel
- 1 Stück Papier, etwas kleiner als die Schachtel
- 1 Stuhl

Gleiche Kraft für alle

Ohne die Schwerkraft würden wir hilflos durch die Gegend schweben. In diesem Experiment wird sichtbar, dass die Kraft nicht nur auf uns Menschen wirkt und uns am Boden hält, sondern auf jeden Gegenstand – und zwar immer gleich!

Wie du es machst:

1. Stelle dich auf den Stuhl. Nimm die Streichholzschachtel in die eine, das Papierstück in die andere Hand und lasse sie beide gleichzeitig los.

2. Sieh zu, was passiert: Die Schachtel fällt geradewegs und ziemlich schnell zu Boden. Das Papier segelt gemütlich hinterher.

3. Starte ihren Flug nun ein zweites Mal. Diesmal legst du das Papier jedoch auf die Schachtel, sodass es an keiner Seite übersteht, ehe du loslässt.

4. Überraschung! Diesmal kommen Papier und Schachtel gleichzeitig am Boden an. Und zwar so schnell, wie vorher nur die Schachtel.

Was ist passiert?

Die Schwerkraft hat zugeschlagen! Diese unsichtbare Kraft sorgt dafür, dass wir nicht ins Weltall entschweben. Alle Dinge ziehen sich gegenseitig an, aber sehr große Dinge, wie Sterne oder Planeten, haben eine viel größere Masse und damit eine stärkere Anziehungskraft. Unser Planet, die Erde, zieht uns mit seiner starken Schwerkraft zu sich hin und hält uns – und auch alles andere – am Boden fest. Die Schwerkraft sorgt auch dafür, dass alles zu Boden fällt, das man loslässt. Und jetzt kommt's: Die Schwerkraft auf der Erde ist immer genau gleich stark. Egal, ob sie auf Papier oder Schachtel wirkt. Ob auf Feder oder Stein. Warum segelt das Papier dann trotzdem gemütlich herab, als hätte es alle Zeit der Welt? Weil es vom Luftwiderstand gebremst wird – also eine weitere Kraft sich bemerkbar macht, die der Schwerkraft entgegenwirkt. Beim zweiten Flugversuch hast du den Luftwiderstand sozusagen ausgeschaltet, indem das Papier im Windschatten der Schachtel fliegt.

Wo kannst du es sehen?

Wie schon erwähnt: Die Schwerkraft ist immer da und zieht alles zur Erdmitte. Und zwar mit der immer gleichen Kraft. Das stimmt allerdings nur, solange wir uns auf der Erde oder einem anderen größeren Himmelskörper befinden. Im Weltall dagegen herrscht Schwerelosigkeit. Da zieht nichts niemanden an, beziehungsweise nur so schwach, dass es kaum eine Wirkung hat. Das ist auch der Grund, warum Astronauten durch die Raumstation schweben und alle ihre Gerätschaften und Gegenstände immer gut sichern müssen. Bei dir am Esstisch sorgt die Schwerkraft dafür, dass der Nudelteller vor deiner Nase stehen bleibt. Im Weltraum müsstest du nur einmal versehentlich dagegenstoßen – schon würde er hinfortschweben.

Die Schwerkraft zieht alles zur Erdmitte.

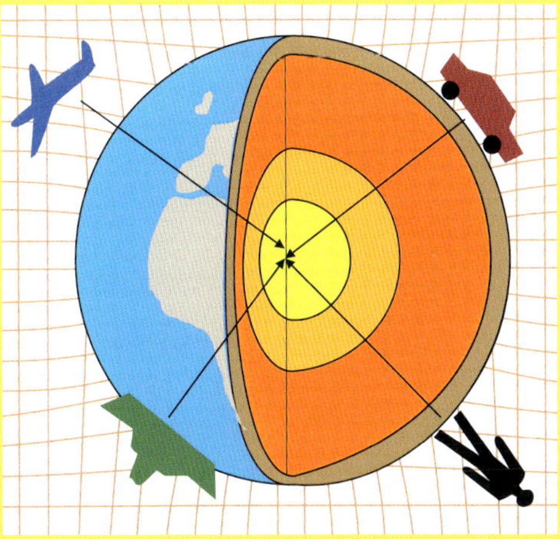

Erdbeben | ★★★ hoch | hoch | ja

Was du brauchst:

- 1 Papp- oder Plastikbecher
- 1 Schere
- 2–3 Meter Gummiband (zur Not geht auch gewöhnliche Schnur)
- 1 Stift
- Münzen oder Kiesel, um den Becher damit zu füllen
- 1 Hocker oder Stuhl mit vier möglichst geraden Beinen
- 3–4 Blätter A4-Papier
- Papierkleber
- Jemanden, der Lust hat, mit dir ein kleines Erdbeben zu veranstalten

Und sie bewegt sich doch!

Die Erde unter unseren Füßen ist immer in Bewegung. Spüren tun wir davon – zum Glück – selten etwas, doch spezielle Geräte wie der Seismograf können diese geheimnisvollen Kräfte sichtbar machen.

Wie du es machst:

1. Bohre mit der Scherenspitze vorsichtig fünf kleine Löcher in den Becher: Eines in die Mitte des Bodens, die übrigen vier in gleichem Abstand kurz unter den oberen Rand.

2. Schneide den Gummizug in vier gleichlange Stücke, fädle von jedem jeweils ein Ende durch eines der Löcher am Becherrand und knote es fest.

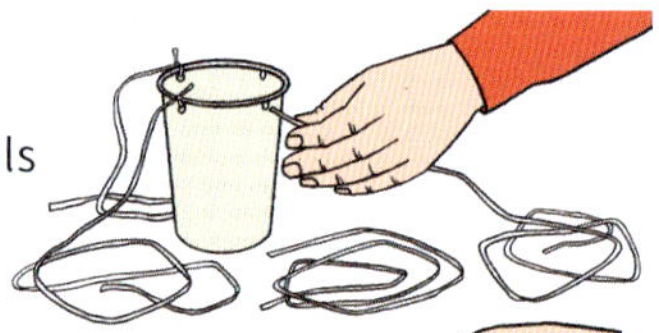

3. Stecke den Stift so durch das Loch im Becherboden, dass die Stiftspitze unten zwei, drei Zentimeter herausragt. Fülle den Becher dann mit den Steinchen oder Münzen.

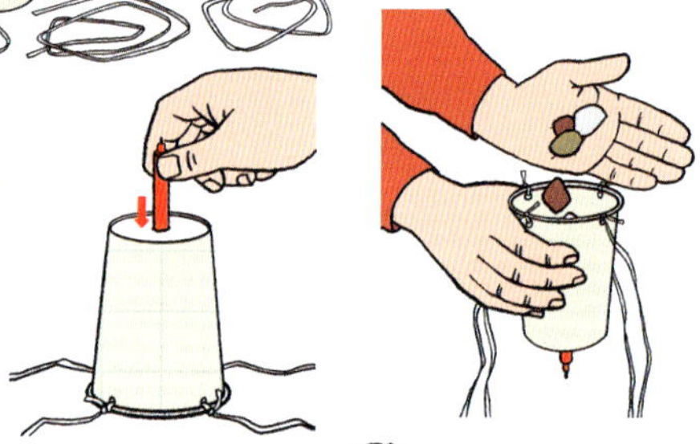

4. Jetzt wird es etwas fummelig. Hänge den Becher an den vier Gummizügen oder Schnüren unter den Stuhl, indem du deren jeweils gegenüberliegende Enden oben auf der Sitzfläche miteinander verknotest. Achtung: Der Becher soll so hängen, dass die Stiftspitze gerade eben den Boden erreicht. Das kannst du grob über die Länge der Schnüre einstellen – für die letzten Millimeter ist es einfacher, die Stiftspitze etwas aus dem Becher herauszuziehen oder hineinzustecken. Fertig ist der Seismograf, stelle ihn nun am besten auf einen großen Tisch.

5. Halbiere die Papiere mithilfe der Schere der Länge nach und klebe die Stücke alle aneinander, sodass ein richtig langer Streifen entsteht.

6. Spätestens jetzt brauchst du noch eine dritte und vierte Hand: Eine Person hat nun die Aufgabe, den Papierstreifen langsam und gleichmäßig unter dem Stuhl hindurchzuziehen. Die andere Person stößt währenddessen immer wieder gegen den Tisch.

Was ist passiert?

So lange nur an dem Papier gezogen wird, malt der Stift darauf eine mehr oder weniger gerade Linie. Sobald es aber eine Erschütterung gibt, fängt diese an zu tanzen: Die Bewegung des Tisches wird über die Stuhlbeine und die Schnüre an den Becher und den Stift darin übertragen. Das Gummi und das Gewicht im Becher dämpfen dabei die Bewegung etwas, damit der Stift nicht schon bei jedem Husten ausschlägt oder gleich den Tisch bemalt, wenn die Stöße zu heftig sind.

Wo kannst du es sehen?

Unsere Erde ist ständig in Bewegung. Klar, sie dreht sich um sich selbst, sie kreist um die Sonne. Aber mehr noch: Die gesamte Erdoberfläche besteht aus riesigen Platten, die auf dem flüssigen Erdmantel schwimmen und sich dabei bewegen. Ganz langsam nur – aber trotzdem mit ungeheurer Kraft. Forschende können mit ihren Seismografen, die im Prinzip genauso funktionieren, wie deine Konstruktion aus Stift, Becher und Schnüren, selbst feinste Erschütterungen messen, die wir ansonsten überhaupt nicht wahrnehmen. Seismograf, das kommt übrigens aus dem Griechischen von „seismos" (Erschütterung) und „graphein" (schreiben). Anhand der Aufzeichnungen ihrer Seismografen können die Expertinnen und Experten beobachten, was unter unseren Füßen los ist – und wo sich möglicherweise Spannung aufstaut, die sich dann in einem Erdbeben entlädt.

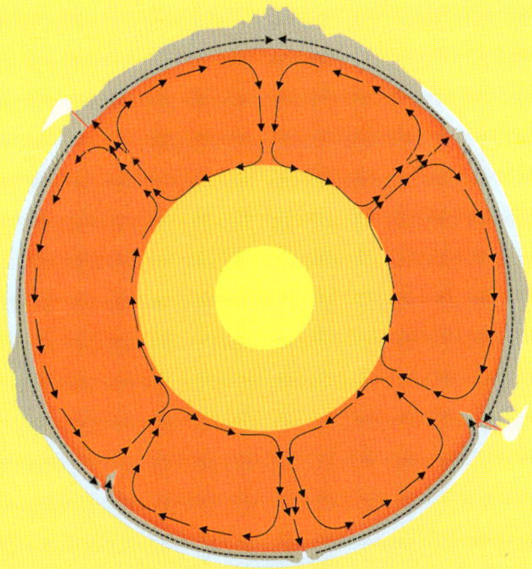

Der flüssige Erdmantel (hier in orange) ist ständig in Bewegung, und mit ihm bewegen sich auch die Platten (hier in grau). Dabei verkanten sie sich gelegentlich und es kommt zu Erdbeben.

Klimaerwärmung | einfach | gering | nein

Klimawandel auf dem Fensterbrett

Oft scheint uns die Klimaerwärmung irgendwie schwer zu greifen und zu begreifen. Der menschengemachte Treibhauseffekt, der das Klima auf unserer Erde immer wärmer macht, ist ja auch nicht wirklich sichtbar. Dieses kleine Experiment veranschaulicht ziemlich gut, was auf unserem Planeten vor sich geht.

Was du brauchst:

- 2 kleine Teller
- einen sonnigen Platz
- 2 Eiswürfel
- 1 Glas

Wie du es machst:

1. Stelle die beiden Teller an einen sonnigen Ort – auf den Balkon- oder Gartentisch. Oder auf die Fensterbank.

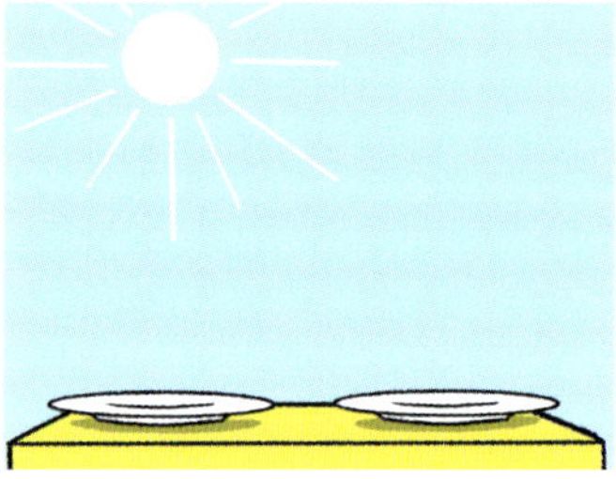

2. Lege auf jeden Teller einen Eiswürfel. Aber über den einen stülpst du das Glas.

3. Beobachte! Nach kürzester Zeit kannst du sehen, wie das Eis zu schmelzen beginnt. Das unter dem Glas jedoch schneller als das andere. Es ist schon zu Wasser zerlaufen, wenn vom anderen Würfel noch ein ganzes Stückchen übrig ist.

Was ist passiert?

In beiden Fällen wirkt die Wärme der Sonnenstrahlen auf das Eis und bringt es zum Schmelzen. Doch während die Wärme beim freiliegenden Würfel auch wieder entweichen und sich verteilen kann, ist sie unter dem Glas gefangen. So verstärkt sich die Erwärmung unter dieser Glocke immer mehr. Und je wärmer es ist, desto kürzer kann das Eis sich halten.

Wo kannst du es sehen?

Dieses Prinzip machen sich viele Gärtnerinnen und Gärtner zunutze: In ihren gläsernen Gewächshäusern, auch Treibhäuser genannt, heizt es sich viel schneller und viel stärker auf als unter freiem Himmel. Daher können sie hier Pflanzen ziehen, die andernfalls in unseren Breiten gar nicht gedeihen würden. Derselbe – von uns Menschen verstärkte – Treibhauseffekt ist es auch, der das Klima auf unserem Planeten immer weiter aufheizt. Unsere Erde ist von einer schützenden Hülle aus Gasen umgeben, der Erdatmosphäre. Ähnlich wie das Glasdach eines Treibhauses, hält die Atmosphäre einen Teil der Sonnenwärme auf der Erde fest, und nur ein Teil entweicht zurück ins All. Das ist der natürliche Treibhauseffekt. Ohne ihn wäre die Erde von Eis bedeckt. Unter anderem mit dem Kohlendioxid und anderen Abgasen unserer Autos und Fabriken sorgen wir Menschen dafür, dass immer mehr Gase in die Atmosphäre gelangen. Dadurch wird sie immer undurchlässiger, sodass weniger Sonnenwärme wieder ins All entweichen kann. So verstärken wir Menschen den natürlichen Treibhauseffekt – und auf der Erde wird es immer wärmer.

Der **natürliche** Treibhauseffekt:

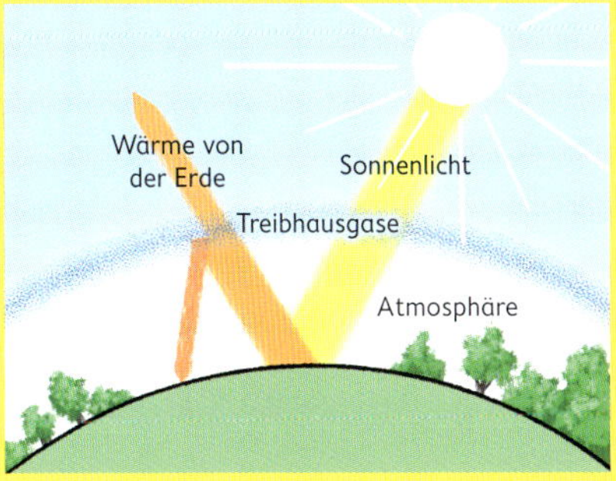

Wir **verstärken** den Treibhauseffekt.

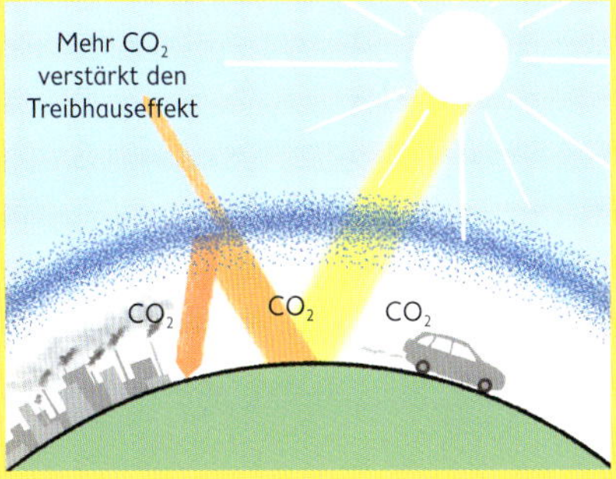

Elektrizität | mittel | mittel | nein

Was du brauchst:

- 2 Stücke Draht oder Kabel
- 2 Büroklammern
- 1 Fünf-Cent-Stück
- 1 verzinkte Unterlegscheibe
- 1 Zitrone
- 1 Messer
- Kopfhörer mit Kabel

Sauer macht elektrisch

Von Handys bis zu Autos, von Zahnbürsten bis zur Straßenbeleuchtung. Eine Welt ohne elektrischen Strom ist kaum vorstellbar. In diesem kleinen Experiment kannst du die unsichtbare Energie selbst zum Leben erwecken!

Wie du es machst:

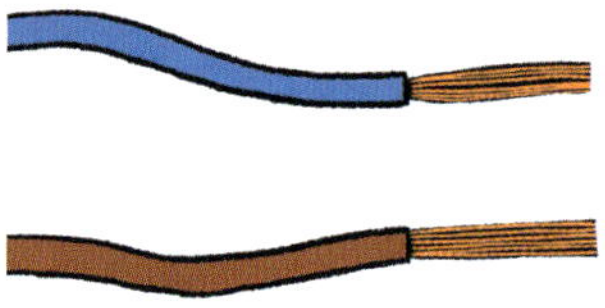

1. Bereite als Erstes deine Anschlüsse vor: Wenn du Draht verwendest, der mit Kunststoff isoliert ist, entferne diesen an allen Enden deiner beiden Drähte.

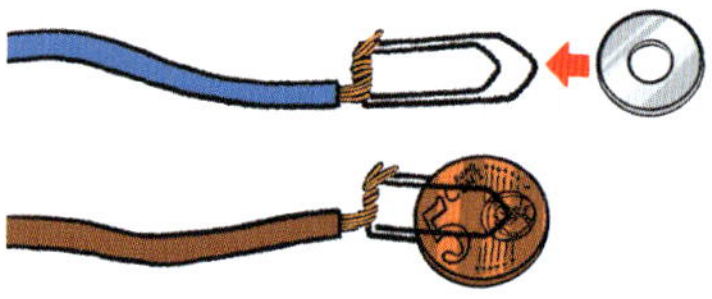

2. An jeweils einem davon befestigst du eine Büroklammer. Auf die eine schiebst du die Münze, auf die andere die Unterlegscheibe.

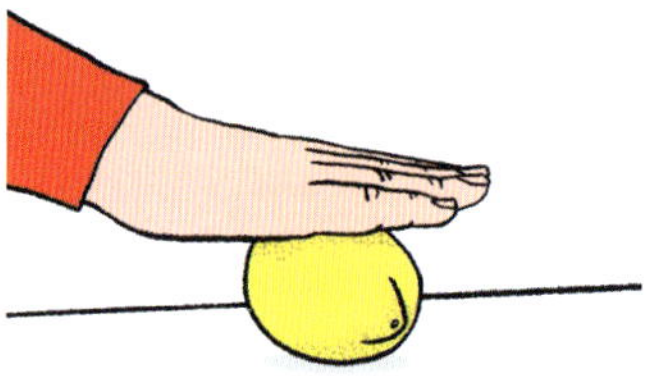

3. Drücke mit der flachen Hand auf die Zitrone und rolle sie ein wenig auf dem Tisch hin und her. So tritt der Saft in ihrem Innern stärker aus. Übrigens: Auch in der Küche ein guter Trick, wenn du mal eine Zitrone auspressen willst.

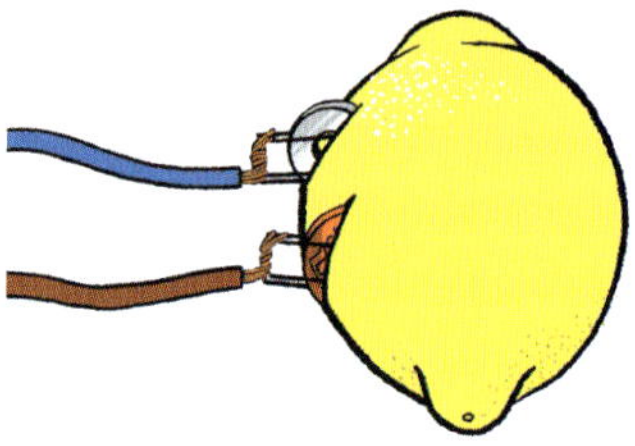

4. Diese Zitrone hier soll aber ihren Saft behalten. Statt sie zu pressen, schneidest du in möglichst großem Abstand zwei etwa zwei Zentimeter lange Schlitze in die Schale. In den einen steckst du nun die Unterlegscheibe, die Münze kommt in den anderen.

5. Jetzt naht der große Moment: Setze die Kopfhörer auf. Berühre mit den beiden Drahtenden, die aus deiner Zitrone kommen, den Anschluss des Kopfhörers – und du hörst es knistern!

Was ist passiert?

Der saure Zitronensaft löst winzige, positiv geladene Teilchen aus der Münze und der Unterlegscheibe. Weil diese aus unterschiedlichen Metallen bestehen, lösen die Teilchen sich unterschiedlich schnell. Das Metall, das zügiger positive Teilchen abgibt, ist jetzt negativ geladen, das langsamere Metall positiv. Um diesen Unterschied auszugleichen, fließen nun, vom negativen Metall aus, winzige negativ geladenen Teilchen, die Elektronen, durch die Drähte rüber zum positiven Metall. Dieser Elektronenfluss ist nichts anderes als Strom – und der verursacht die Geräusche im Kopfhörer: Du hast die unsichtbare Elektrizität hörbar gemacht. Und wie man hörbar sichtbar macht, das weißt du ja schon aus dem ersten Kapitel. Oder du hast Lust, mit der Zitronenbatterie weiter zu experimentieren: Manchmal klappt es mit viel Glück und Rumprobieren eine kleine Glühlampe zum Leuchten zu bringen – den Strom also direkt sichtbar zu machen.

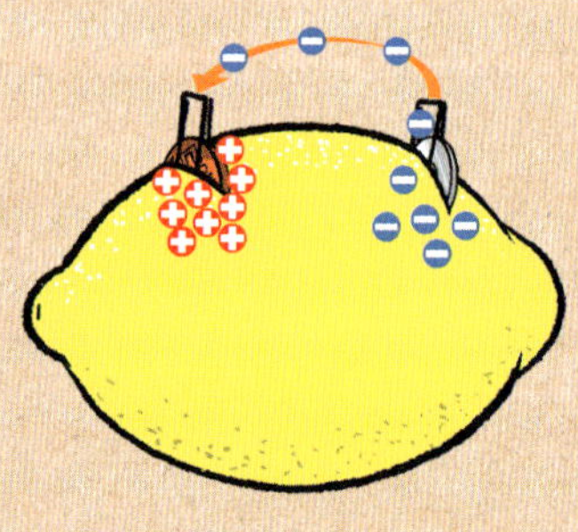

Hier siehst du den Elektronenfluss.

Wo kannst du es sehen?

Praktisch überall! Die Zitronenbatterie ist die einfachste Form einer Batterie. Im Prinzip funktionieren die aber immer ähnlich: Es geht darum, etwa durch unterschiedliche Metalle und Säure, Strom zum Fließen zu bringen. Und jetzt überlege mal selbst: Was findest du alles bei euch zu Hause, das mit einer Batterie oder einem Akku betrieben wird? Handy, Taschenlampe, Küchenradio. Es ist vermutlich eine ganze Menge!

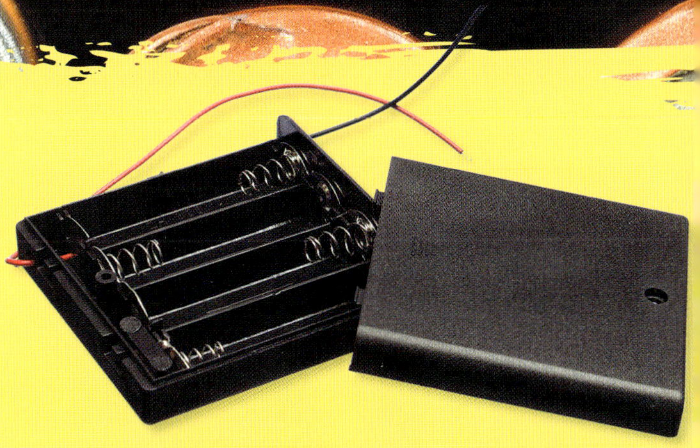

Kurzer Check

Jetzt hast du schon eine Menge Dinge sichtbar gemacht, Kompliment. Erinnerst du dich noch an alle Erklärungen und Hintergründe? Dann sind diese fünf Fragen ein Kinderspiel für dich!

1. **Warum ist Karamell braun?**
   a) Weil es leckerer aussieht.
   b) Weil sich die Kohlenhydrate des Zuckers bei Hitze verfärben.
   c) Weil der Zucker, aus dem es besteht, besonders alt ist.

2. **Warum kannst du mit einem Metalllöffel keine Reibungselektrizität erzeugen?**
   a) Der Löffel wird beim Reiben zu heiß, um ihn noch halten zu können.
   b) Stimmt nicht, das geht auch mit einem Metalllöffel.
   c) Metall leitet Strom, daher kann sich der Löffel nicht aufladen.

3. **Woher hat der Seismograf seinen Namen?**
   a) Von seinem Erfinder Konstantin Seismos
   b) Von seiner Funktion, dem Aufschreiben von Erschütterungen
   c) Von der Firma, die bis heute die meisten dieser Geräte herstellt.

4. **Warum wird die Erde durch das Kohlendioxid, das wir in die Luft blasen, immer wärmer?**
   a) Die Kohlendioxidschicht in der Atmosphäre ist wie eine riesige Lupe, die das Sonnenlicht bündelt.
   b) Kohlendioxid aus Schornsteinen und Auspuffen ist warm und heizt dadurch die Erde zusätzlich auf.
   c) Die Schicht aus Kohlendioxid und anderen Gasen verhindert, dass die Erde genug Sonnenwärme ans Weltall abgeben kann.

5. **Warum funktioniert eine Zitronenbatterie nicht mit zwei gleichen Münzen?**
   a) Weil nur zwischen zwei unterschiedlichen Metallen unterschiedliche Ladung entsteht und Strom zu fließen beginnt.
   b) Ginge schon, aber das Experiment sollte nicht zu kostspielig werden.
   c) Weil fünf Cent nicht für genug Strom reichen.

1b) Bei Hitze färben sich Kohlenhydrate braun. Das gibt dem Karamell die typische Farbe, das sorgt auch für die Kruste beim Braten oder dafür, dass deine Geheimschrift sichtbar wird. Mehr dazu auf Seite 22. **2c)** Um Reibungselektrizität zu erzeugen, braucht man zwei Gegenstände aus Materialien, die keinen Strom leiten können. Daher nimmst du besser einen Plastiklöffel. Mehr dazu auf Seite 24. **3b)** Der Name kommt aus dem Griechischen und bedeutet so viel wie „Erschütterungsschreiber". Mehr dazu auf Seite 28. **4c)** Das Kohlendioxid und andere Gase machen die Erdatmosphäre immer undurchlässiger. Die Sonnenwärme ist wie unter einer Glasglocke gefangen und lässt die Temperaturen ansteigen. Mehr dazu auf Seite 30. **5a)** In jeder Batterie, in jedem Akku sind zwei möglichst unterschiedliche Metalle verbaut. Erst so entstehen ein Minus- und ein Pluspol und es kann Strom fließen. Mehr dazu auf Seite 32.

3.

LUFT UND WASSER

Alle Wetter! Findige Menschen haben über die Jahrhunderte allerlei Geräte entwickelt, um das Wetter um uns herum besser messen und vorhersagen zu können. Vieles davon lässt sich, zumindest in vereinfachter Form, ziemlich gut nachbauen. So kannst du etwa Luftdruck oder Wärme sichtbar machen. Apropos Druck: Der herrscht auch unter Wasser, wie dir ein kleiner Taucher beweisen wird.

Luftfeuchtigkeit | mittel | mittel | nein

Was du brauchst:

- 1 Stift und 1 kleineres Stück Karton, auf das du diesen Pfeil zeichnest:

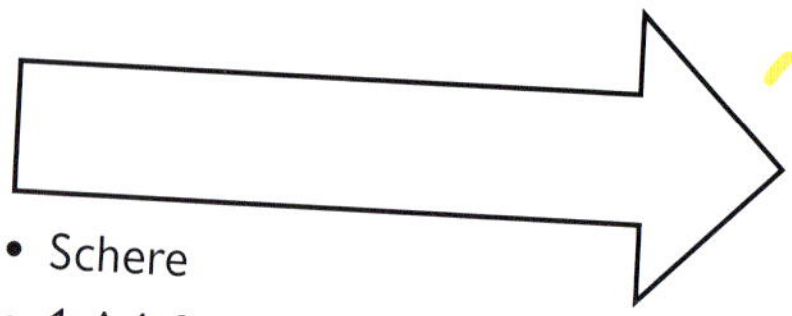

- Schere
- 1 A4-Stück dicke Pappe oder Styropor
- 1 Reißzwecke
- 1 Haar, mindestens 15 cm lang
- Klebefilm

Haarige Angelegenheit

Manchmal verraten die Wolken am Himmel, welches Wetter bevorsteht. Oder der Flug der Schwalben. Auch die Veränderung der Luftfeuchtigkeit ist ein guter Hinweis. Allerdings musst du sie erst sichtbar machen.

Wie du es machst:

1. Nachdem du den Pfeil auf den Karton gezeichnet hast, schneidest du ihn mit der Schere aus.

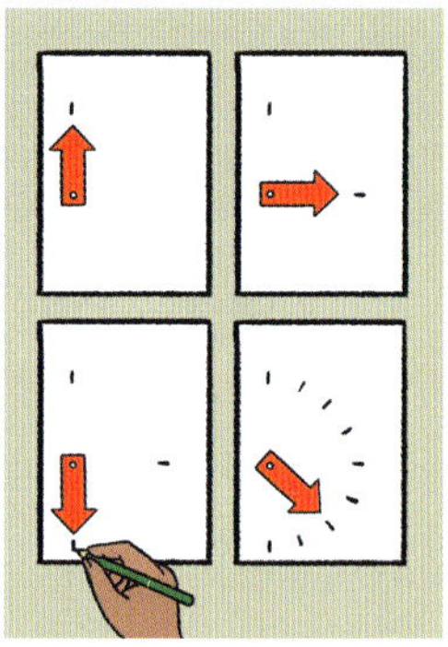

2. Lege den Karton, beziehungsweise das Styroporstück hochkant vor dich und pinne den Pfeil an seinem stumpfen Ende mit der Reißzwecke etwa zwei Zentimeter vom linken Rand der Pappe in deren unteres Drittel. Achtung: Der Pfeil soll sicher befestigt sein, muss sich aber noch ungehindert drehen lassen.

3. Zeichne mit dem Stift ein paar Markierungen auf: Wo die Pfeilspitze steht, wenn der Pfeil genau nach oben zeigt, nach rechts, nach unten – und dann noch jeweils drei-, viermal dazwischen.

4. Deine Markierungen beschreiben zwei Viertelkreise. An den oberen schreibst du „trockener“, an den unteren „feuchter“.

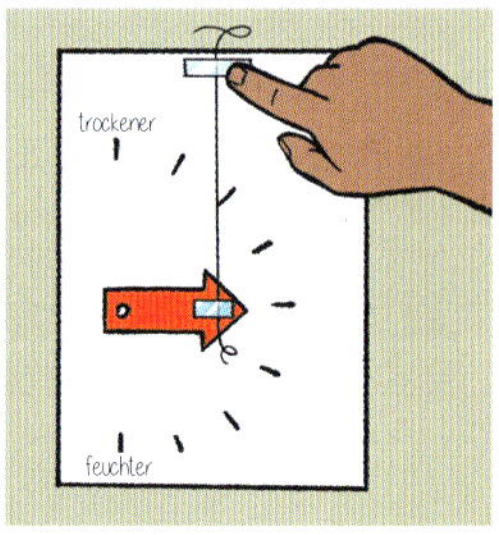

5. Befestige nun ein Ende des Haars mit einem Stück Klebefilm an der Pfeilspitze und drehe diese so, dass sie genau nach rechts zeigt – also auf die Grenze zwischen feucht und trocken. Das andere Haarende befestigst du mit einem weiteren Streifen so an der Oberkante der Pappe, dass es jetzt einigermaßen gespannt ist.

6. Hänge dein Hygrometer auf. Entweder nach draußen, oder ins Badezimmer und beobachte ab und zu, ob der Pfeil seine Richtung geändert hat. Bedenke: Es ist nicht komplett wasserfest, einen Regenschauer hält es nicht aus, auch direkt unter der Dusche wird es nicht funktionieren.

Was ist passiert?

Haare haben die Eigenschaft, sich in feuchtem Zustand auszudehnen und wieder zu schrumpfen, wenn sie trocknen. Der Grund ist einfach: Die Haarfasern können mehr als 30 Prozent ihres Eigengewichts an Wasser aufnehmen, wodurch sie schwerer und länger werden. Wenn also mehr Feuchtigkeit in der Luft ist, nimmt das am Pfeil befestigte Haar das Wasser auf und dehnt sich aus, so dass der Pfeil nach unten zeigt. Wenn die Luft trocken wird, verliert das Haar das Wasser und schrumpft, wodurch der Pfeil nach oben gezogen wird.

Wo kannst du es sehen?

Nur wenn es regnet oder zumindest neblig ist, kannst du Luftfeuchtigkeit sehen – es sei denn, man behilft sich mit einer Apparatur wie dieser hier. Die Hygrometer, zu Deutsch: Feuchtemesser, der Profis funktionieren im Prinzip ähnlich wie deines, auch wenn es nur aus Pappe und Haar besteht. Und wozu das Ganze? Manchmal ist es sehr hilfreich, Feuchtigkeit messen zu können, wo man sie nicht sieht. Zum Beispiel, um beim Hausbau festzustellen, ob in einer Wand oder im Boden Feuchtigkeit festsitzt, wo sie nicht hingehört. Oder auch in der Meteorologie, also bei der Vorhersage des Wetters. Steigt die Luftfeuchtigkeit, steigt auch die Wahrscheinlichkeit, dass es demnächst regnet.

Temperatur | mittel | mittel | ja

Je wärmer, je größer

Was du brauchst:

- 1 leere Flasche mit Schraubverschluss
- Lebensmittelfarbe
- spitze Schere oder Dosenlocher
- 1 möglichst durchsichtigen Trinkhalm
- Knetmasse oder Klebstoff
- 1 wasserfesten Stift

Wie oft hast du schon morgens aus dem Fenster gesehen und dich gefragt: Schöner Tag, aber ist es eigentlich warm oder kalt? Um nicht im völlig falschen Outfit vor die Tür zu treten, hilft ein Blick aufs Thermometer. Es kann die Temperatur sichtbar machen.

Wie du es machst:

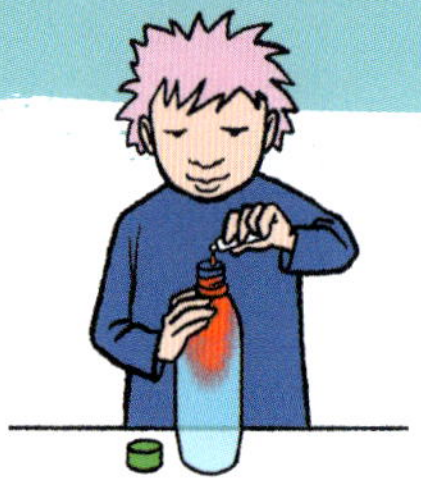

1. Fülle die Flasche bis obenhin mit Wasser und gib die Farbe hinein. Schraube die Flasche zu und schüttle das Ganze gut durch, bis sich das Wasser gleichmäßig gefärbt hat.

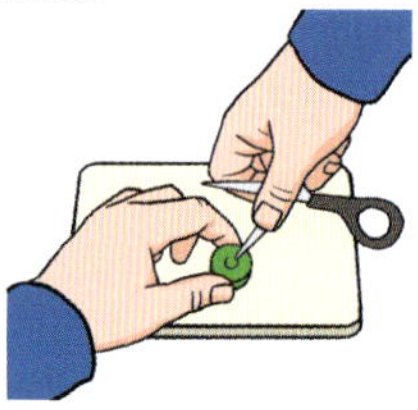

2. Schraube den Deckel von der Flasche und lege ihn auf ein Holzbrett oder ein dickes Stück Pappe als Unterlage. Bohre mit der Scherenspitze oder dem Dosenlocher vorsichtig ein erbsengroßes Loch in den Verschluss. Dazu braucht es etwas Kraft und Geduld – und vielleicht die Hilfe eines Erwachsenen.

3. Schraube den Deckel wieder auf die Flasche und schiebe den Trinkhalm durch das Loch in die Flasche, und zwar so weit, dass er etwa drei Fingerbreit ins Wasser ragt.

4. Dichte das Loch mit der Knetmasse oder dem Klebstoff ab. Achtung: Das muss absolut undurchlässig sein, sonst wird dein Thermometer nicht funktionieren.

5. Drehe den Flaschenverschluss ein bisschen auf, sauge etwas Wasser in den Halm – und lege schnell deinen Finger auf die Öffnung, sodass es nicht wieder herausläuft. Wenn es etwa drei Fingerbreit über dem Verschluss steht, ist es gut. Dann schraubst du die Flasche wieder fest zu. Gibst du die Strohhalmöffnung nun frei, geschieht nichts: Das Wasser bleibt auf derselben Höhe stehen. Diese Höhe markierst du mit dem Stift.

6. Jetzt stellst du die Flasche in den Kühlschrank und wartest, sagen wir, eine Stunde. Wo steht die Wassersäule im Halm? Mache auch dort eine Markierung.

7. Zuletzt stellst du die Flasche in die Sonne und wartest wiederum eine Weile. Markiere die Stelle, die die Säule danach erreicht hat. Jetzt hat dein Thermometer schon eine grobe Skala: kühlschrankkalt, zimmerwarm, sonnenheiß.

Was ist passiert?

Ein Grundgesetz der Physik lautet: Fast alles dehnt sich aus, sobald man es erhitzt, und zieht sich bei Abkühlung wieder zusammen. Nach diesem Prinzip funktioniert auch dein Thermometer: Je wärmer es wird, desto höher steigt die Säule im Strohhalm, weil sie vom sich in der Flasche ausdehnenden Wasser hochgedrückt wird. Kühlt es ab, sinkt sie, weil das Wasser in der Flasche nun wieder weniger Platz benötigt.

Wo kannst du es sehen?

Wärme und Kälte kannst du spüren, aber nicht direkt sehen. Auch das Thermometer zeigt nicht direkt die Wärme – es macht sichtbar, welchen Effekt Wärme auf das Wasser hat. Allerdings folgt ausgerechnet Wasser nicht dem physikalischen Grundsatz, wonach sich alles immer mehr ausdehnt, je wärmer es wird: Eis hat eine größere Ausdehnung als Wasser in flüssigem Zustand. Bei Frost würde dein Thermometer also nicht mehr funktionieren. Profis füllen die Säulen ihrer Thermometer daher zum Beispiel mit Alkohol oder Quecksilber.

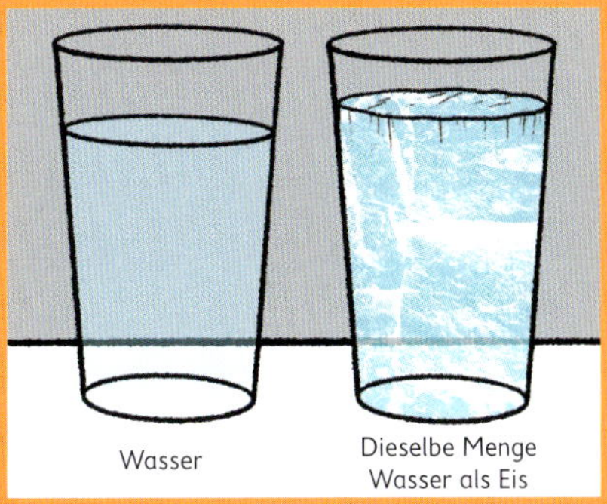

Was du brauchst:

- 1 leere Tintenpatrone
- Schere
- 1 kleine Büroklammer
- 1 Glas oder Becher
- 1 leere PET-Flasche aus möglichst dünnem Kunststoff

Wichtige Drucksache

Je tiefer du tauchst, desto größer ist der Druck, der unter Wasser auf dich einwirkt. Das kann man nicht sehen, nur spüren. Der Kartesische Taucher macht das Phänomen aber recht anschaulich.

Wie du es machst:

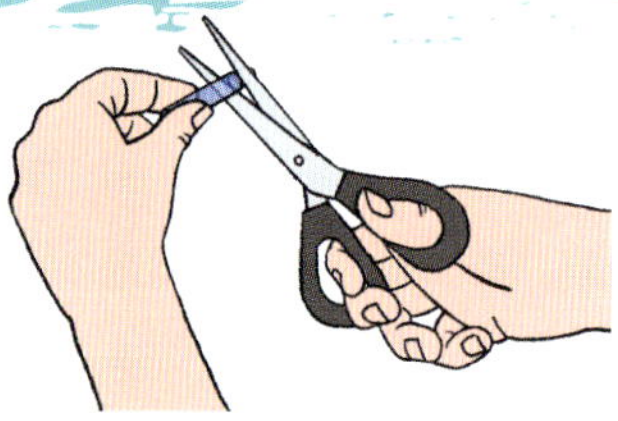

1. Schneide von der Tintenpatrone das obere Ende mit der Öffnung ab und spüle sie aus.

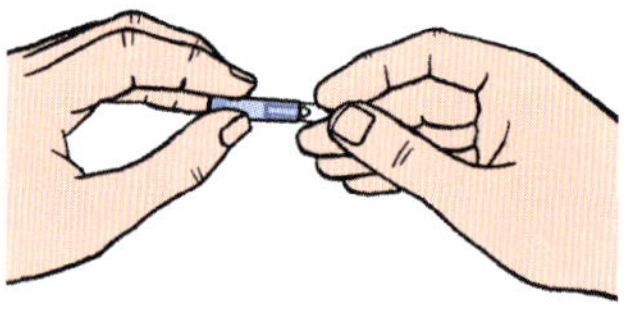

2. Schiebe die Büroklammer bis über die Hälfte in die Patrone. Sie dient als Gewicht für deinen Taucher.

3. Fülle die Flasche und den Becher randvoll mit Wasser.

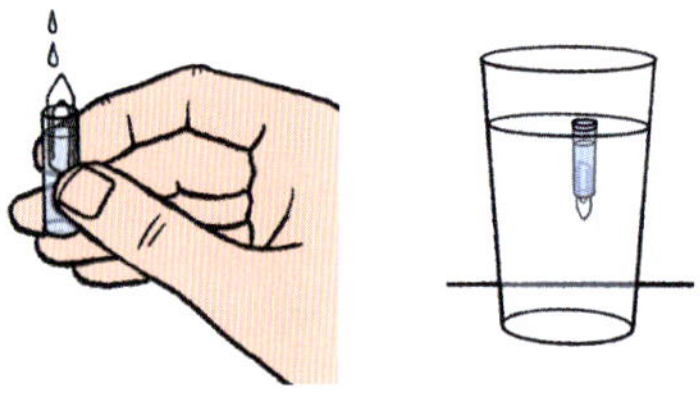

4. Fülle auch die Patrone mit Wasser – und zwar genau so weit, dass sie, Öffnung nach unten, mit dem entgegengesetzten Ende an der Oberfläche schwimmt, wenn du sie in das Glas oder den Becher setzt. Hier musst du sicherlich ein bisschen herumprobieren, bis du den richtigen Wasserstand gefunden hast.

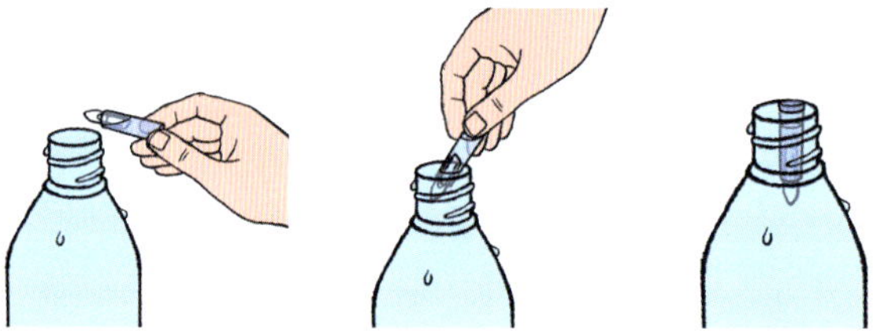

5. Setze die Patrone nun vorsichtig, sodass kein Wasser aus ihrem Inneren entweicht, in die Flasche und verschließe diese fest.

6. Erstaunlich: Wenn du nun die Flasche mit beiden Händen kräftig zusammendrückst, sinkt der Taucher nach unten. Sobald du loslässt, steigt er wieder nach oben.

Was ist passiert?

Der Kartesische Taucher ist nach dem französischen Philosophen und Naturwissenschaftler René Descartes benannt, der vor etwa 400 Jahren lebte. Erfunden hat er ihn höchstwahrscheinlich aber nicht, das physikalische Prinzip, das dahintersteckt, war schon viel früher, mindestens seit der Antike, bekannt. Auftrieb heißt das Geheimnis: Der Taucher schwimmt oben, weil die Luft in der Patrone für ausreichend Auftrieb sorgt. Der Taucher ist dadurch leichter als das Wasser, das ihn umgibt. Drückst du die Flasche zusammen, wird in ihrem Inneren der Druck erhöht. Dabei wird auch die Luftblase in der Tintenpatrone zusammengepresst – und es kann Wasser hineinfließen. Dadurch wird der Taucher schwerer und sinkt hinab. Lässt du die Flaschenwand los, dreht sich der Vorgang um. Die Luft breitet sich wieder aus, und der Taucher steigt auf.

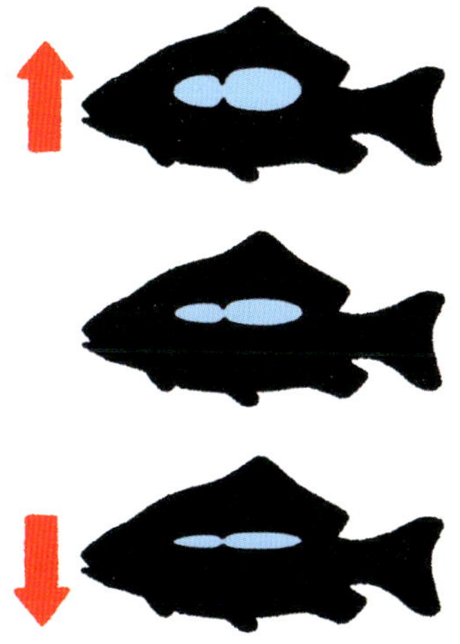

Unterschiedlich stark mit Luft gefüllte Schwimmblase eines Fisches

Wo kannst du es sehen?

Dass der Druck unter Wasser immer höher wird, je tiefer man taucht, kann man nicht sehen, aber spüren. Du kennst es vielleicht aus dem Schwimmbad: In zwei Metern Tiefe noch den Boden des Beckens erreichen? Kein Problem. Vielleicht sogar in drei Metern. Danach wird es immer schwieriger – weil der Druck steigt und zum Beispiel die Ohren schmerzen lässt. Außerdem brauchst du Kraft, um weiter runter zu gelangen. Denn auch dein Körper hat, wie die Tintenpatrone, einen gewissen Auftrieb. Daher tragen Tauchende oft Bleigürtel, die ihnen helfen tiefer zu sinken. Eine Büroklammer, wie in diesem Experiment hier, würde nicht genügen. Den Trick mit der Luftblase beherrschen übrigens auch Fische: Je nachdem, wie viel Luft sie in die Tauchblase pumpen, können sie ohne jede Kraftanstrengung mal höher, mal tiefer durchs Meer schwimmen.

Dichte | mittel | mittel | nein

Dichte und denken

Ob Wasser direkt aus der Leitung kommt, süß oder salzig ist, siehst du ihm nicht an. Das kannst du nur schmecken. Oder ein sogenanntes Aräometer verwenden, ein Gerät um die Dichte von Flüssigkeiten zu messen.

Was du brauchst:

- 1 großes Glas oder Topf
- 1 Trinkhalm
- etwas Knetmasse
- 1 wasserfesten Stift zum Markieren
- unterschiedliche Flüssigkeiten wie zum Beispiel Leitungswasser, Salzwasser, Speiseöl, Limonade, Milch

Wie du es machst:

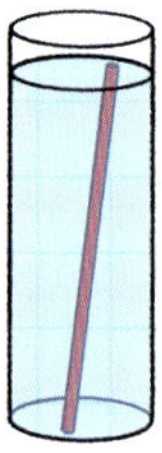

1. Fülle das Glas oder den Topf soweit mit Leitungswasser, dass der Trinkhalm komplett davon bedeckt wird, wenn du ihn senkrecht eintauchst.

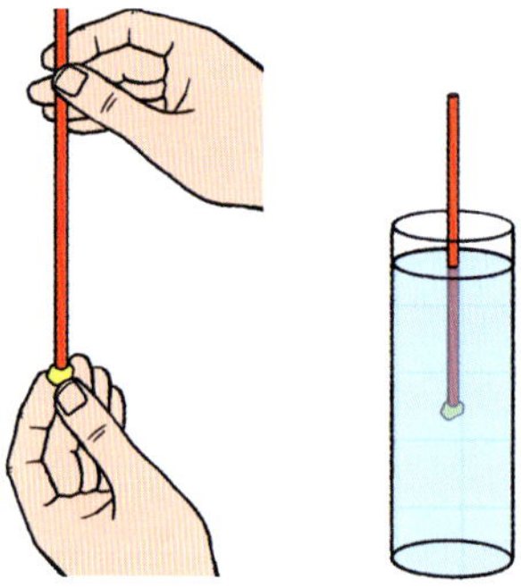

2. Verschließe das untere Ende des Halms mit Knetmasse. Achtung: Diese dient nicht nur als Verschluss, sondern auch als Gewicht. Nimm soviel davon, dass dein Halm etwa zur Hälfte untergeht, wenn du ihn nun ins Wasser setzt. Versinkt er weiter, brauchst du weniger Gewicht, versinkt er weniger, muss es mehr sein.

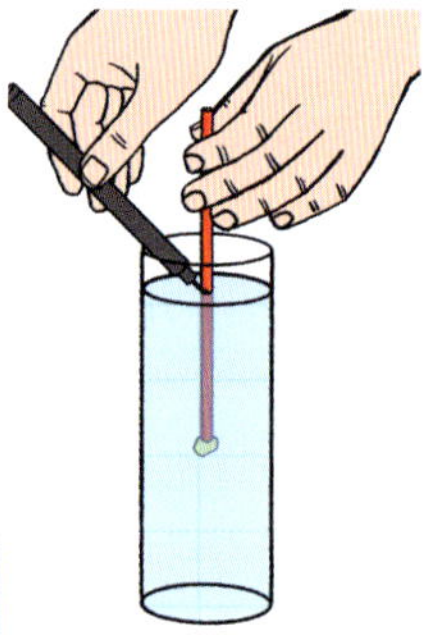

3. Markiere mit dem Stift die Stelle, bis zu der der Halm eintaucht.

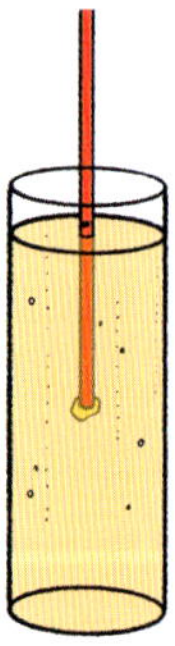

4. Tausche das Wasser nun nacheinander gegen andere Flüssigkeiten aus und beobachte, was jeweils passiert, wenn du den Halm hineinsetzt: Wann sinkt er tiefer, wann weniger tief?

? Was ist passiert?

Cola, Salzwasser, Milch? Das sieht zwar alles unterschiedlich aus, aber es sind alles Flüssigkeiten. Wie kann es sein, dass der Halm trotzdem unterschiedlich tief einsinkt? Das Geheimnis liegt in der jeweiligen Dichte. Vereinfacht gesagt: Wie viel wiegt eine bestimmte Menge wovon? Maßstab ist hier für Forschende – wie in deinem Experiment – das Wasser: Ein Liter wiegt ein Kilogramm. Wasser hat daher die Dichte 1. Enthält es aber andere Bestandteile, ändert sich diese Zahl. Je mehr Alkohol zum Beispiel drinsteckt, desto geringer ist die Dichte, umso höher, je mehr Zucker beigemengt ist.

Öl hat eine geringere Dichte als Wasser. Es schwimmt darauf.

Wo kannst du es sehen?

Nicht nur Flüssigkeiten haben eine Dichte, auch Gase und feste Stoffe. Die Dichte von Eisen liegt beispielsweise fast achtmal, die von Gold gar 19,3-mal höher als die von Wasser. Die von Kork beträgt nur ein schlappes Fünftel. Darum schwimmt ein Korken auch – wie alle Dinge, die eine geringere Dichte als Wasser haben. Auch Schiffe, selbst wenn sie aus Metall sind. Das ist zwar dichter als Wasser. Aber weil es im Schiffsrumpf soviel Luft einschließt, dass das Schiff in seiner Summe doch wieder unter den Wert 1 kommt, geht selbst der dickste Pott nicht unter.

Luftdruck ★★ mittel mittel nein

Was du brauchst:

- 1 Luftballon
- Schere
- 1 leeres Glas
- Gummiband
- Bindfaden
- 1 Schaschlikspieß aus Holz
- Klebeband
- 1 Stück Karton
- Lineal und Stift

Es geht ein Druck durchs Land

Manche Menschen behaupten, wetterfühlig zu sein. Sie spüren schon zwei Tage vorher an ihrem Backenzahn, wenn ein Gewitter droht. In der Meteorologie, der Wetterkunde, verlässt man sich lieber auf genauere Messgeräte. Etwa das Barometer.

Wie du es machst:

1. Schneide aus dem Ballon ein möglichst großes Stück heraus und spanne es mithilfe des Gummibandes straff wie ein Trommelfell über die Öffnung des Glases. Um sicherzugehen, dass der Rand luftdicht abschließt, kannst du noch Bindfaden drumherum wickeln und festknoten.

2. Schneide den Holzspieß in zwei Hälften. Klebe eine davon mit dem Klebeband so auf die Gummihaut, dass ein Ende genau in dessen Mitte liegt und das andere über den Rand hinausragt.

3. Schneide aus der Pappe einen etwa zehn Zentimeter langen und drei Zentimeter breiten Streifen und zeichne mit dem Stift eine Sonne an den oberen Rand und eine Regenwolke etwas unterhalb der Mitte. Dazwischen setzt du, im Abstand von etwa einem halben Zentimeter, Linien an die Längsseite. Nimm zum Abmessen das Lineal zu Hilfe.

4. Nun klebst du den Streifen mit dem Klebeband so an das Glas, dass Holzspieß und Linien eine hübsche kleine Anzeige bilden. Fertig ist dein Barometer.

5. Stelle es an einen schattigen Platz – und beobachte die Holzspitze. Je nachdem, wie das Wetter ist, weist sie mal ein bisschen nach oben, mal ein bisschen hinunter.

? Was ist passiert?

Mit deinem Aräometer aus dem vorherigen Experiment konntest du messen, dass unterschiedliche Flüssigkeiten eine unterschiedlich hohe Dichte haben. Auch die Luft, die uns umgibt, hat eine Dichte. Die ändert sich aber – zum Beispiel mit ihrer Temperatur. Temperatur und Dichte wiederum haben Einfluss auf den Luftdruck. Und genau den macht dein Barometer sichtbar: Steigt er und wird größer als der Luftdruck, der im Inneren des Glases herrscht, drückt die Luft von außen auf die Ballonhaut und die Holzspitze zeigt ein Stück nach oben. Sinkt der Luftdruck hingegen, drückt die Luft im Glas den Ballon nach oben – und die Spitze sinkt.

Wo kannst du es sehen?

Ändert sich der Luftdruck, ist das oft ein Hinweis darauf, dass sich auch das Wetter verändern wird. Ein gutes Barometer, das dann natürlich noch etwas genauer arbeitet, als deine Konstruktion aus Pappe, Glas und Gummi, fehlt daher in keiner guten Wetterstation. Man kann mit Luftdruckmessung aber noch mehr feststellen. Zum Beispiel die Höhe, auf der man sich gerade befindet. Denn je weiter du auf einen Berg steigst oder in einem Flugzeug abhebst, desto geringer ist der Luftdruck. Die Luft nahe am Boden wird nämlich von den Luftteilchen in den darüberliegenden Schichten zusammengedrückt. Deshalb ist der Luftdruck in Bodennähe höher und nimmt in höheren Luftschichten immer mehr ab. Man sagt auch, die Luft wird dünner. Das bedeutet, dass weniger Sauerstoff in der Luft ist. Ab einer gewissen Höhe ist die Luft für die meisten Menschen zu dünn zum Atmen. Aus diesem Grund schleppen zum Beispiel viele Menschen auf einer Himalaja-Expedition Pressluft-Flaschen mit Sauerstoff mit sich herum. Und in einem Flugzeug heißt es vor jedem Start: Bei Druckverlust fallen automatisch Sauerstoffmasken aus der Kabinendecke.

Linseneffekt ★★ mittel · gering · nein

Was du brauchst:

- 1 Büroklammer
- Spitzzange
- 1 Tropfen Wasser
- 1 Buch mit möglichst kleiner Schrift

Kleiner Tropfen, große Wirkung

Vielleicht hast du irgendwo in deinem Zimmer, in einer Schreibtischschublade, eine Lupe. Wusstest du, dass du den Vergrößerungseffekt einer solchen Glaslinse auch mit einem bloßen Wassertropfen erzeugen kannst?

Wie du es machst:

1. Biege die Büroklammer auf, sodass der Draht möglichst gerade ist.

2. Mithilfe der Zange biegst du eines der Drahtenden zu einer kleinen Schlaufe, die knapp einen halben Zentimeter groß ist.

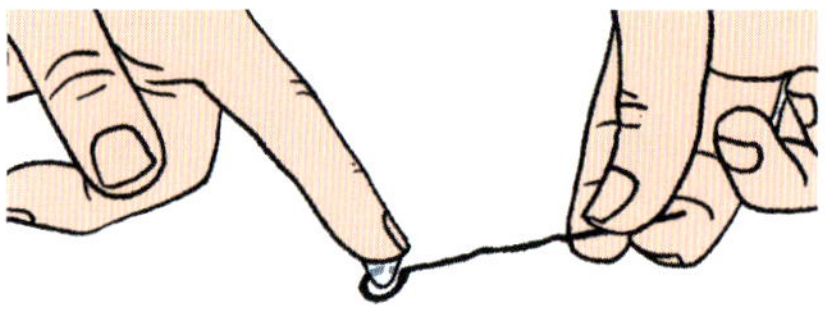

3. Setze nun vorsichtig einen Wassertropfen in diese Schlaufe, sodass er darin bleibt, ohne gleich wieder herauszulaufen. Das klappt vielleicht nicht beim ersten Versuch und hält sowieso nicht ewig. Aber ich bin sicher, du hast den Dreh ziemlich schnell raus und kannst deiner Tropfenlupe bei Bedarf also immer wieder eine neue Linse verpassen.

4. Schlage das Buch auf, halte die Lupe nah über die Schrift und schaue durch den Tropfen auf die Buchstaben.

Was ist passiert?

Die kleinen Buchstaben auf den Seiten erscheinen mit einem Mal ein Stückchen größer, wenn du sie durch den Wassertropfen hindurch betrachtest. Das liegt daran, dass die Form des Tropfens in etwa der einer Glaslinse entspricht, wie sie auch bei Lupen oder in Mikroskopen verwendet wird: Sie bündelt das Licht so, dass der beobachtete Gegenstand für unser Auge größer erscheint, als er eigentlich ist. Im Fall der Tropfenlinse zumindest ein bisschen größer. Für mehr Vergrößerung bräuchtest du eine größere und stärkere Linse. Das kann ein flüssiger Tropfen nicht mehr leisten.

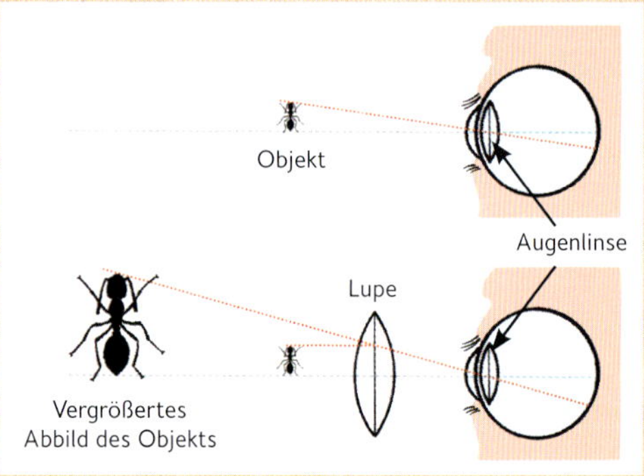

Wo kannst du es sehen?

Streng genommen macht eine Linse nichts sichtbar, das vorher unsichtbar war. Aber sie macht es größer – sodass manchmal Details erkennbar werden, die einem menschlichen Auge sonst entgehen würden. Unter der Tropfenlinse vielleicht, dass die Buchstaben auf dem Papier nicht immer ganz glatte Kanten haben, sondern ein bisschen ausfransen und verlaufen – wie mancher Filzstiftstrich, wenn die Farbe in die Papierfasern zieht. Richtig kräftige Linsen können Dinge hundertfach vergrößern. Unter einem Mikroskop werden so zum Beispiel Bakterien sichtbar, oder die feine Zeichnung auf den Flügeln von Bienen oder Wespen. Durch ein Teleskop kannst du die Berge, Täler und Krater auf dem Mond erkennen – oder Sterne sehen, wo dein Auge vorher nur schwarze Nacht wahrgenommen hat.

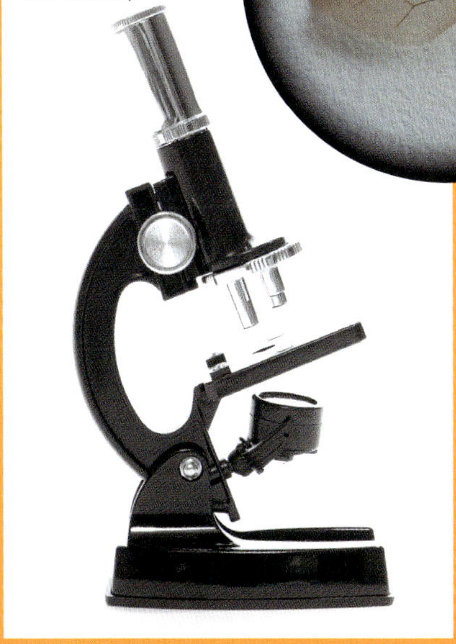

Ein Mikroskop

Ein vergrößerter Insektenflügel

Kurzer Check

Alles gelesen, alles probiert? Dann kann dir niemand mehr das Wasser reichen – und du wirst die paar Fragen hier beantworten können, ohne auch nur Luft holen zu müssen.

1. Sind nasse oder trockene Haare länger?

a) Komische Frage, Haare sind immer gleich lang, egal in welchem Zustand.
b) Trockene Haare sind länger.
c) Nasse Haare sind länger.

2. Warum enthalten echte Thermometer kein Wasser?

a) Wasser würde zu schnell verdunsten.
b) Es könnte keine Minusgrade anzeigen, weil es bei Frost einfrieren würde.
c) Durch das Wasser würden die Metallteile rosten.

3. Wer gab dem Kartesischen Taucher seinen Namen?

a) Der französische Philosoph und Naturwissenschaftler René Descartes.
b) Cartagena in Spanien – die Stadt, wo erstmals ein solcher Taucher eingesetzt wurde.
c) Kartesisch bedeutet schlicht „druckempfindlich“.

4. Ist Eisen oder Gold schwerer?

a) Eisen.
b) Gold.
c) Beides ist gleich schwer.

5. Warum schleppen Bergsteigende Pressluftflaschen auf ihre Himalaja-Expedition mit?

a) Tun sie doch gar nicht, die Flaschen enthalten Trinkwasser mit Vitaminzusatz.
b) Um hineinzuatmen und so die unberührte Bergluft nicht zu verunreinigen.
c) Weil Luft mit zunehmender Höhe dünner wird und irgendwann nicht mehr zum Atmen reicht.

1c) Haare können mehr als 30 Prozent ihres Eigengewichts an Wasser aufnehmen, dadurch sind sie schwerer und länger. Mehr dazu auf Seite 36. **2b)** Die Säule im Thermometer muss flüssig sein. Eis würde die Säule nur verstopfen. Mehr dazu auf Seite 38. **3a)** Auch wenn er nicht der Erfinder ist, der Kartesische Taucher – oder auch Flaschenteufel – ist nach dem Franzosen René Descartes benannt. Mehr dazu auf Seite 40. **4b)** Gold ist beinahe doppelt so schwer wie Eisen. Mehr dazu auf Seite 42. **5c)** Ab einer gewissen Höhe ist weniger Sauerstoff in der Luft, sie wird zu dünn zum Atmen. Deshalb gibt es in Flugzeugen für Notfälle Sauerstoffmasken. Mehr dazu auf Seite 44.

4.

MENSCH UND KÖRPER

Dein Körper steckt voller Geheimnisse! Mit den Tricks und Tipps auf den folgenden Seiten kannst du das eine oder andere davon sichtbar machen. Mal mithilfe der Naturwissenschaften. Mal mit nicht mehr als ein paar knallgelben Grinseköpfen. Sei gespannt, es geht vom Herzschlag übers Erbgut bis in dein Innerstes und die Dinge, die du denkst und fühlst!

Herzschlag einfach gering nein

Was du brauchst:

- 1 Reißzwecke
- 1 Streichholz

Schlag auf Schlag

Dein Herz pocht unaufhörlich. In einem Menschenleben schafft es locker drei Milliarden Schläge – und in den allermeisten Fällen bemerkst du es nicht einmal. Mit diesem kleinen Gerät machst du die Arbeit deiner Blutpumpe sichtbar.

Wie du es machst:

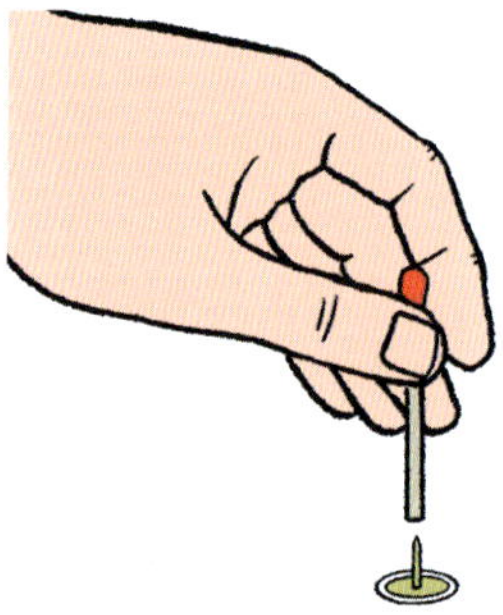

1. Drücke die Reißzwecke vorsichtig in das Ende des Streichholzes ohne Zündkopf.

2. Lege einen Unterarm flach auf den Tisch, sodass die Handfläche nach oben zeigt.

3. Stelle die Reißzwecke behutsam auf dein Handgelenk. Wahrscheinlich musst du ein wenig herumprobieren, bis du die richtige Stelle findest – nämlich dort, wo dein Puls pocht. Ragt das Hölzchen erst dort in die Höhe, kannst du es bei jedem Herzschlag hüpfen sehen.

Was ist passiert?

Wenn du ganz ruhig und entspannt bist, schlägt dein Herz etwa 90-mal in der Minute. Das ist etwas mehr als bei Erwachsenen, bei denen sind es nur 60–80 Schläge. Kommst du gerade vom Fußballspielen, Radfahren oder Wettrennen, wummert dein Herz deutlich schneller, um noch den letzten Winkel deines Körpers mit frischem Blut versorgen zu können. Das spürst du manchmal auch ohne Hilfsmittel – oder siehst es gar, weil es in deiner Brust so heftig pocht, oder an der Schlagader an deinem Hals. Im Ruhezustand verrichtet das Herz seine Arbeit ziemlich unauffällig. Da braucht es schon einen Pulsmesser, wie diesen hier, um seinen Schlag sichtbar zu machen. Mit jedem Schlag pumpt dein Herz stoßweise Blut durch den gesamten Körper. Dabei entsteht jedes Mal eine Druckwelle, die du als Pulsschlag fühlen kannst. An deinem Handgelenk gibt es eine Ader, die Blut führt, das direkt vom Herzen kommt. Deshalb kannst du dort den Puls besonders gut fühlen.

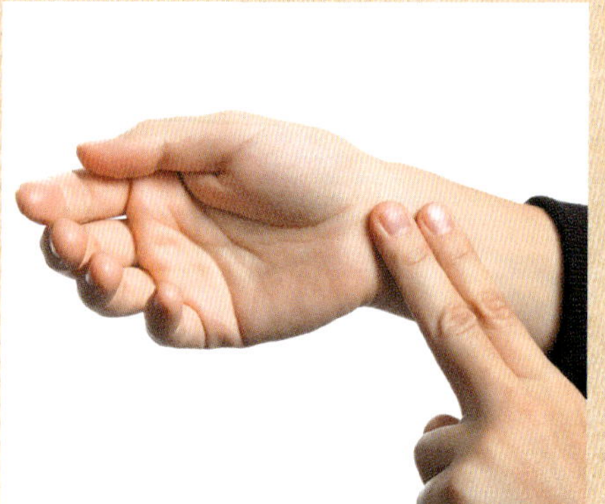

Am Handgelenk kannst du deinen Pulsschlag fühlen.

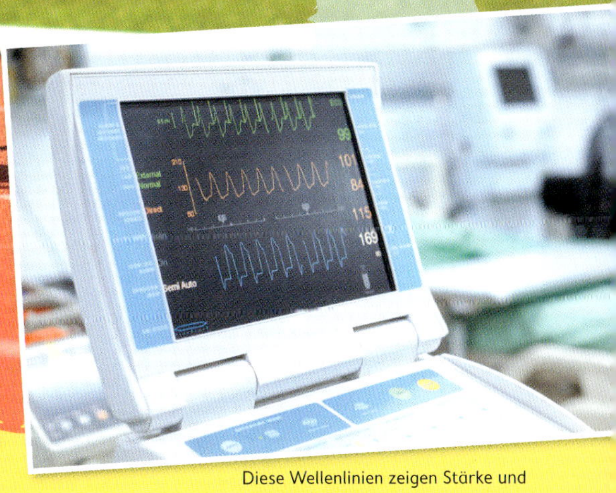

Diese Wellenlinien zeigen Stärke und Geschwindigkeit des Herzschlags.

Wo kannst du es sehen?

Das Herz ist lebenswichtig. Schlägt es zu schnell, zu langsam oder zu unregelmäßig, kann das gefährlich werden. Daher messen Ärztinnen und Ärzte regelmäßig den Puls oder hören das Herz ab. Oder sie machen sein Schlagen gleich mit einem richtigen Messgerät sichtbar, das die Schläge als Wellenlinie auf einen Bildschirm überträgt. Aus der Form dieser Linie und ihrer Ausschläge nach oben und unten können sie schnell erkennen, ob alles in Ordnung ist. Die Linie zeigt neben der Frequenz, also der Geschwindigkeit, auch die Stärke der Schläge.

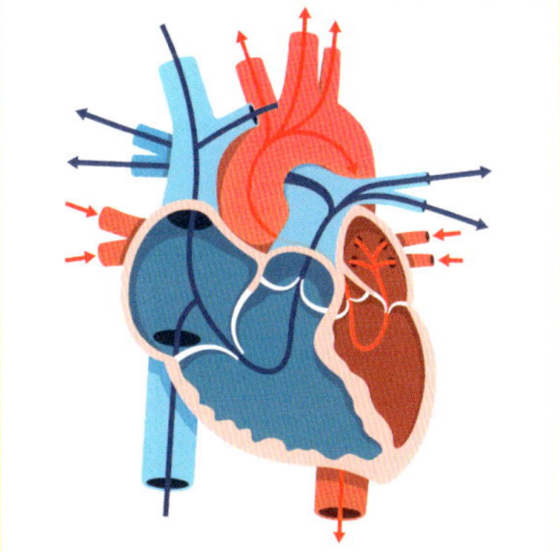

Dein Herz besteht aus zwei Kammern, die das Blut durch deinen gesamten Körper pumpen.

Gewicht | mittel | gering | nein

Wer wiegt, gewinnt

Weißt du, wie viel du wiegst? Ich weiß es natürlich nicht, aber ich kann dir erzählen, wie man eine einfache Waage baut. Okay, um dich dranzuhängen, ist sie nicht geeignet. Aber es geht hier ja ums Prinzip!

Was du brauchst:

- 1 etwa 10 cm x 30 cm großes Stück Karton
- 1 Musterklemme
- 3 große Büroklammern
- 1 möglichst dickes und langes Gummiband
- Spitzzange
- 1 leere 0,5 Liter Flasche aus Kunststoff
- Wasser
- Stift

Wie du es machst:

1. Lege den Karton hochkant vor dich und stecke die Musterklemme mittig ans obere Ende.

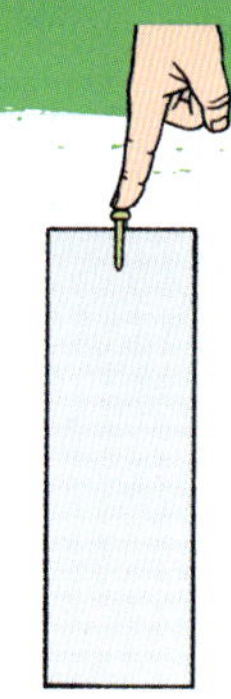

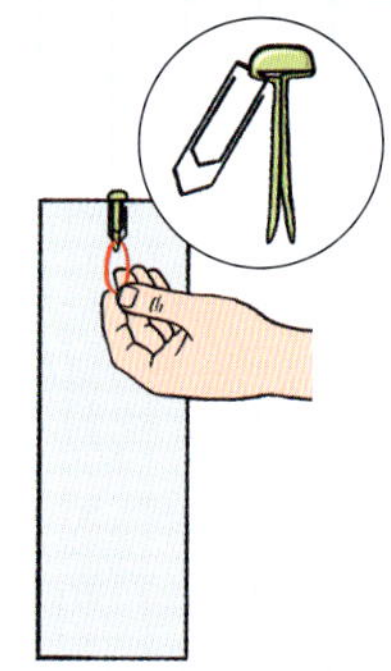

2. Hänge eine Büroklammer an der Klemme ein und befestige das Gummiband an ihr. Am anderen Ende des Gummis befestigst du eine zweite Büroklammer.

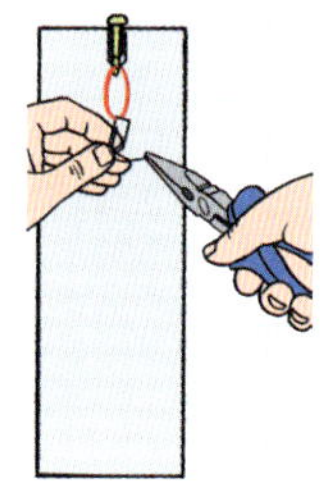

3. Knicke mithilfe der Zange ein Drahtende der zweiten Büroklammer so um, dass es wie ein Zeiger waagerecht zur Seite weist.

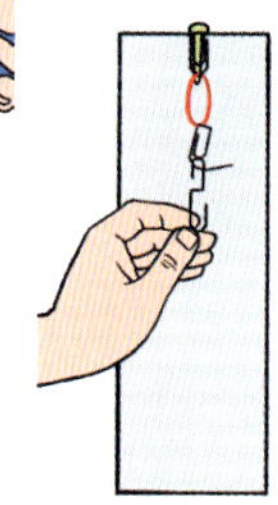

4. Biege die dritte Büroklammer so auf, dass ein Draht entsteht, der oben und unten einen kleinen Haken hat. Den oberen Haken hängst du bei der zweiten Klammer ein.

5. Der untere Haken ist dazu da, Gewichte dranzuhängen. Fülle die Flasche bis oben mit Wasser und hänge sie an die Waage. Achtung: Dazu musst du die ganze Konstruktion senkrecht halten.

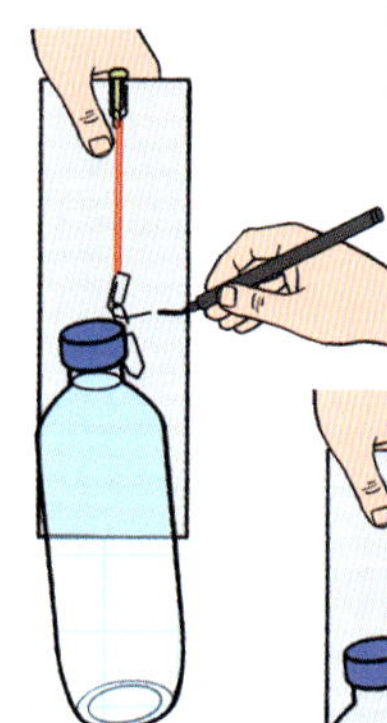

6. An der Stelle, auf die der Zeiger der mittleren Klammer nun weist, machst du mit dem Stift eine Markierung: Hier steht er, wenn ein Gewicht von 500 Gramm an der Waage hängt.

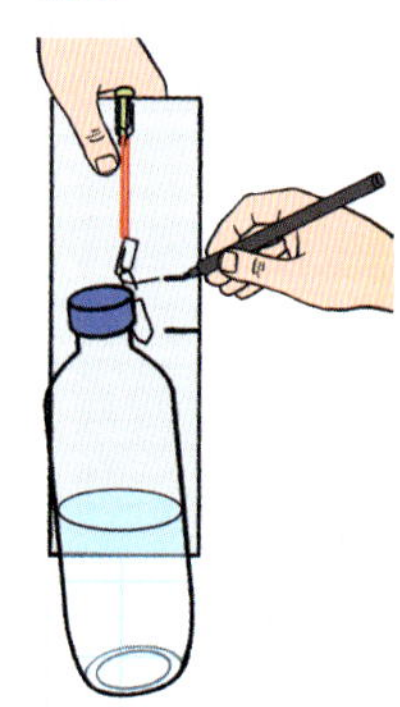

7. Leere die Flasche zur Hälfte, hänge sie wieder an und mache eine weitere Markierung: Hier sind es 250 Gramm. Du kannst danach noch weitere Unterteilungen vornehmen, etwa 125 Gramm oder 375 Gramm.

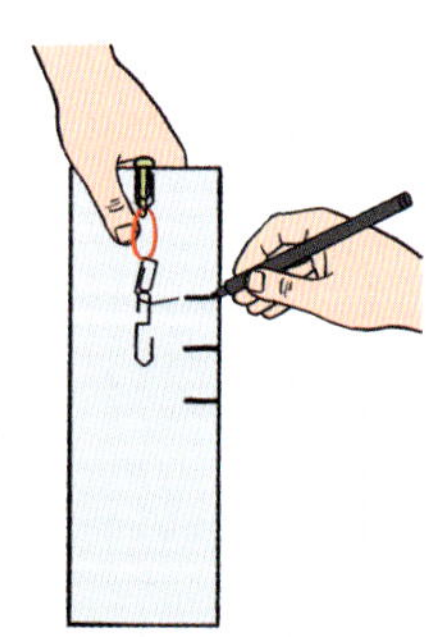

8. Zuletzt markierst du den Zeigerstand, wenn nichts an der Waage hängt. Jetzt kannst du anfangen zu wiegen, was immer du möchtest – so lange es nicht zu schwer ist. Hinweis: Mit der Zeit leiert das Gummiband aus. Du musst dann vielleicht nochmal neue Markierungen machen.

Was ist passiert?

Du kannst einem Gegenstand nicht unbedingt ansehen, wie schwer er ist. Klar, ein leerer Pappkarton wird leichter sein als einer, der mit Büchern gefüllt ist. Um es genau zu wissen, musst du die Dinge jedoch wiegen. Das heißt im Übrigen nichts anderes, als zu messen, wie die Schwerkraft jeweils auf sie wirkt. Das erinnerst du vielleicht noch aus Kapitel 2, „Feuer und Erde“ (S. 26/27): Diese Kraft zieht die Wasserflasche in Richtung Erdmittelpunkt. Allein das Gummiband verhindert, dass sie hinunterfällt. Allerdings kannst du sehen, welche Wirkung die Kraft dabei auf das Gummi hat – sie zieht es in die Länge. Dieses Phänomen machst du dir für deine Waage zunutze.

Wo kannst du es sehen?

Das Gewicht der Dinge zu messen, ist den Menschen schon lange ein Anliegen. Egal ob das Obst an der Supermarktkasse oder dein Körpergewicht beim Kinderarzt. Dafür gibt es heute die unterschiedlichsten Formen von Waagen. Denn, um etwa dein Gewicht festzustellen, sind Gummibänder nicht das Richtige. Da gibt es andere Waagen, die mal eine Balance zwischen dir und einem Gegengewicht suchen. Oder es wird eine Metallfeder verwendet. Der Vorteil davon kann sein, dass sich solche Federn gleichmäßig dehnen, wenn sie belastet werden. Das ist bei dem Gummi nämlich anders.

Blutgefäße | einfach | gering | nein

Was du brauchst:

- 1 kräftige Taschenlampe
- 1 möglichst dunklen Raum
- 1 kleinen Spiegel

Leuchtendes Beispiel

Wäre es nicht aufregend zu sehen, wie es in deinem Körper aussieht? Versuch mal, wie weit du gucken kannst.

Wie du es machst:

1. Verdunkle den Raum, in dem du den Versuch durchführen willst.

2. Schalte die Taschenlampe an und versuche, damit verschiedene Teile deines Körpers zu durchleuchten, zum Beispiel ein Ohrläppchen oder eine Fingerkuppe oder die Handfläche. Oder du steckst die Lampe, die hoffentlich einigermaßen sauber ist, in den Mund und beobachtest, wie das Licht deine Wangen rot erstrahlen lässt. Hierfür bräuchtest du dann übrigens den Spiegel.

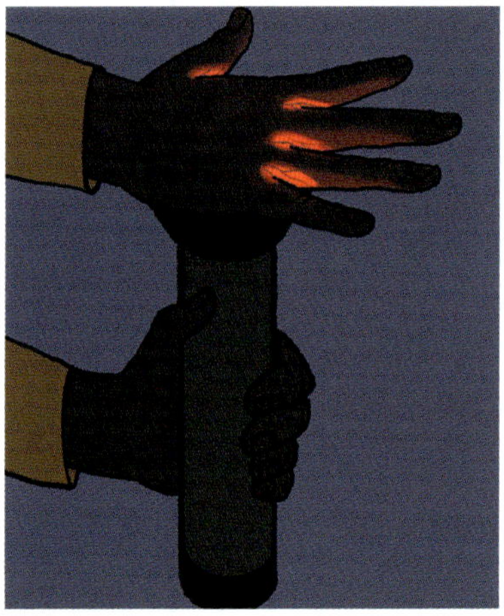

Was ist passiert?

Wenig überraschend: Je nachdem, wie stark die Lampe ist und wie dünn die Stellen deines Körpers sind, die du damit durchleuchtest, erstrahlen Finger, Ohren oder Mundhöhle blutrot. Denn genau das passiert: Die vielen Blutgefäße, die deinen Körper als feines Geflecht durchziehen, werden sichtbar. Was aber unsichtbar bleibt: dass zum Beispiel deine Hand auch eine ganze Menge Knochen enthält. Egal wie hell es leuchtet, die siehst du nicht. Der Grund dafür ist, dass Haut, Muskeln und Gewebe das Licht derart brechen und in alle Richtungen umlenken, dass die Strahlen deiner Lampe nicht tief genug reichen, um auch die Knochen sichtbar zu machen. Dafür braucht es andere Strahlen!

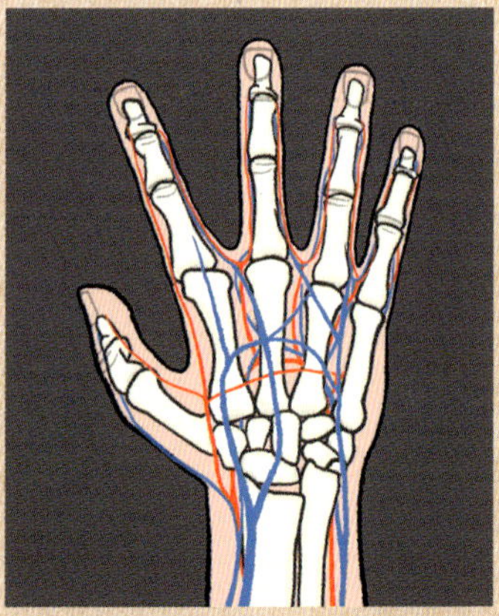

Knochen und Blutgefäße in einer Hand

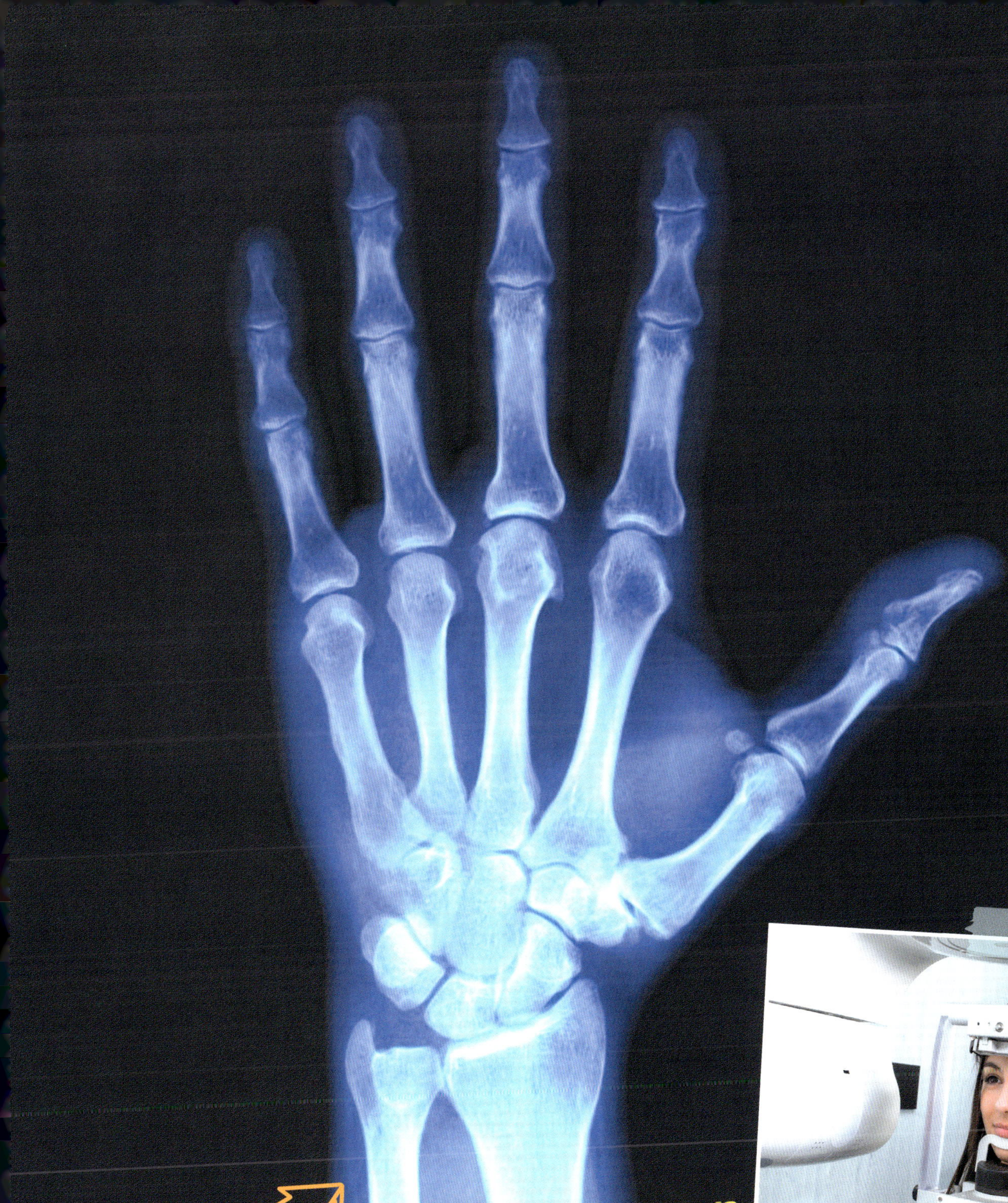

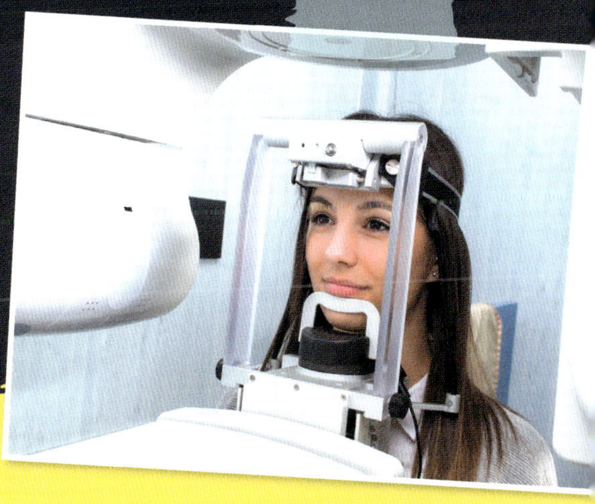

Wo kannst du es sehen?

Würde eine starke Lampe genügen, müsste kein Mensch mit seinem Beinbruch oder dem Loch im Zahn zum Röntgen gehen. Doch erst durch die Röntgenstrahlung werden auch unsere Knochen sichtbar. Sie lässt sich vom Gewebe und den Muskeln nämlich nicht ablenken und dringt hindurch wie ein Finger durch weiche Butter. Tolle Erfindung, die der deutsche Physiker **Wilhelm Conrad Röntgen** da vor mehr als 120 Jahren gemacht hat. Was ihm damals allerdings noch nicht ganz klar war: wie schädlich diese Strahlung ist. Wenn man sie zu oft oder zu heftig abbekommt, kann sie schlimme Schäden verursachen und sogar Krebs auslösen. Davor bist du bei der Taschenlampe sicher.

Wilhelm Conrad Röntgen (1845–1923)

Fingerabdrücke | mittel | mittel | nein

Was du brauchst:

- Bleistift und Schere
- Pinsel
- Klebefilm
- weißes Papier

Zauberpulver für Spurensucher

Jeder Mensch hinterlässt pausenlos Spuren. Die meisten davon sind unsichtbar. Es sei denn, man macht sich gezielt auf die Suche danach – und kennt ein paar gute Tricks. Wie diesen hier!

Wie du es machst:

1. Schabe mit der Scherenklinge die Bleistiftspitze entlang, um auf diese Weise das Graphit, aus dem sie besteht, zu pulverisieren. Achtung: Das Pulver ist hauchfein und weht in Nullkommanichts weg. Also nicht reinpusten – sondern sammeln. Es ist ein ganz wesentlicher Bestandteil deiner Spurensicherung! Du hast keinen Bleistift zur Hand oder dir ist das Abschaben zu mühsam? Dann kannst du es stattdessen auch mit Mehl, Kakaopulver oder Puderzucker versuchen.

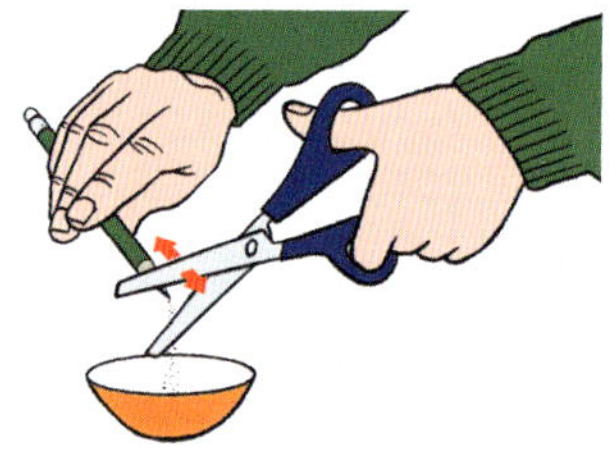

2. Zum Testen wuschelst du dir einmal kräftig mit den Händen durch die Haare. Dann drückst du ein, zwei Fingerspitzen zum Beispiel auf ein Glas oder eine Türklinke.

3. Jetzt beginnt die Detektivarbeit: Gib mit dem Pinsel eine hauchfeine Schicht deines Pulvers auf die Stelle, die du angefasst hast, und puste leicht darüber (ja, jetzt darfst du!).

4. Nimm nun einen Streifen Klebefilm, klebe ihn genau auf diese Stelle und ziehe ihn vorsichtig wieder ab.

5. Wenn du den Streifen auf das weiße Blatt klebst, müsstest du das Muster deiner Fingerabdrücke recht gut erkennen können. Wenn du willst, schreibst du deinen Namen daran. Dann kannst du dich auf die Suche nach weiteren Abdrücken machen – und so Stück für Stück dein Abdruck-Archiv anlegen.

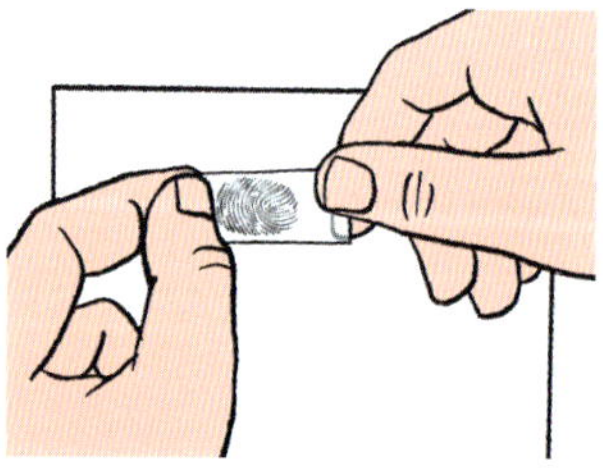

? Was ist passiert?

In aller Regel sind deine Fingerspitzen – wie überhaupt die gesamte Haut – von einer leichten Fettschicht überzogen. Sie soll die Haut etwa vorm Austrocknen oder vor Bakterien schützen. Daher ist es übrigens auch gar nicht so gut, die Hände zu oft zu waschen, dadurch kann diese Schutzschicht nämlich geschädigt werden. Aber nicht nur Seife wäscht sie von deinen Fingern, nein, jedes Mal, wenn du etwas anfasst, bleibt eine hauchfeine Schicht davon zurück. Außer auf frischgeputzten Fensterscheiben im Sonnenlicht ist die allerdings meist unsichtbar. Es braucht also Hilfsmittel wie dein Graphitpulver oder eine Prise Mehl, die daran haften bleiben – und schon werden die Spuren sichtbar!

Spurensicherung an einem Tatort

Wo kannst du es sehen?

Den Trick mit dem Pulver benutzt die Polizei bis heute, wenn sie am Tatort Spuren des Täters oder der Täterin sucht. Fingerabdrücke geben nämlich ziemlich eindeutige Hinweise: Die Rillen und Muster an deinen Fingerkuppen, die sogenannten Papillarlinien, sind nämlich bei jedem Menschen anders. Wenn die Polizei die gefundenen Abdrücke mit denen in ihrem Archiv vergleicht und eine Übereinstimmung findet, gibt es selten einen Zweifel: Das war dieselbe Person! Allerdings ist es nicht immer so einfach wie in diesem Experiment. Mit Pulver werden nur Abdrücke sichtbar, die auf glatten Oberflächen hinterlassen wurden, in die das Fett nicht eindringen konnte. Wenn die Person nur Holz, Wolle oder Papier angefasst hat, muss die Polizei aufwendigere Verfahren anwenden. Wenn beim Einbruch oder Überfall Handschuhe getragen wurden, gibt es keine Fingerabdrücke.

DNA einfach gering ja

Das Geheimnis des Lebens

Wer du bist und wie du aussiehst, hängt nicht zuletzt von deinem Erbgut ab. Winzigklein ist das als sogenannte DNA in jeder einzelnen Zelle deines Körpers eingelagert. Jetzt wird es sichtbar!

Was du brauchst:

- 1 Glas
- 1 kleines, verschließbares Gefäß
- 1 Teelöffel und 1 Esslöffel
- etwas Wasser
- Spülmittel
- Salz
- etwas Reinigungsalkohol aus der Apotheke

Wie du es machst:

1. Stelle den Alkohol für mindestens eine halbe Stunde ins Gefrierfach.

2. Mische in einem Glas etwa einen Esslöffel Wasser mit ein wenig Salz und spüle mit diesem Gemisch deinen Mund. Dabei ruhig mal mit der Zunge an den Innenwänden der Wangen entlangfahren. Nach 30 Sekunden spuckst du die Salzlösung zurück in das Glas.

3. In dem verschließbaren Gefäß mischst du nun einen Teelöffel Spülmittel mit einem Teelöffel Salz und vier Teelöffeln Wasser. Schüttle das Ganze, so dass etwas Schaum entsteht.

4. Gib einen halben Teelöffel dieses Gemischs in das Glas mit dem ausgespuckten Salzwasser und rühre vorsichtig um.

5. Zuletzt lässt du vorsichtig und sehr langsam etwas eisgekühlten Alkohol auf das Gemisch im Glas fließen. Am besten hältst du das Glas dazu schräg. Wenn eine etwa einen halben Zentimeter dünne Alkoholschicht auf der Spucke-Spüli-Mischung schwimmt, hörst du auf zu gießen – und wartest ab. Nicht umrühren!

DNA-Strang

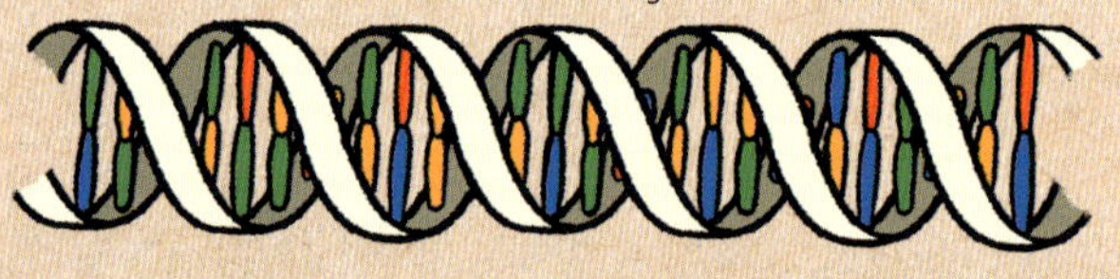

Was ist passiert?

Die Zellen deines Körpers sind nicht unsichtbar, aber so winzig, dass du sie eigentlich nur unter dem Mikroskop erkennen könntest. Das gilt erst recht für das darin eingelagerte Erbgut, die DNA. Durch das Spülen mit der Salzlösung hast du einige deiner Körperzellen aus der Mundschleimhaut gelöst, sie schwimmen jetzt also im Glas. Die DNA befindet sich in den Kernen dieser Zellen. Durch das Spülmittel werden diese freigelegt. Und der Alkohol verhindert schließlich, dass sich die DNA mit dem Wasser verbindet – du siehst sie jetzt als weiße Wölkchen im Glas herumschweben.

Wo kannst du es sehen?

Die DNA-Analyse ist sozusagen die Weiterentwicklung des Fingerabdruck-Nehmens. Denn auch das Erbgut eines Menschen ist einzigartig, er ist daran also zweifelsfrei zu erkennen. Genau aus diesem Grund nimmt die Polizei an Tatorten neben Fingerabdrücken – die, wie du gelernt hast, sich nicht überall und immer nachweisen lassen – auch DNA-Proben. Das können Haare sein, winzige Hautschuppen, Spuren von Blut oder Spucke. Um diese Proben mit dem Erbgut verdächtiger Personen abgleichen zu können, kann man bei denen dann einen Mundabstrich machen: Man reibt ihnen mit einem Wattestäbchen an der Innenseite der Wangen entlang – ganz ähnlich wie in dem Experiment hier. Um das Erbgut dann wirklich im Einzelnen zu analysieren, braucht es dann aber doch noch etwas mehr Technik als Spüli und Salz …

Eine Haar-Probe im Labor

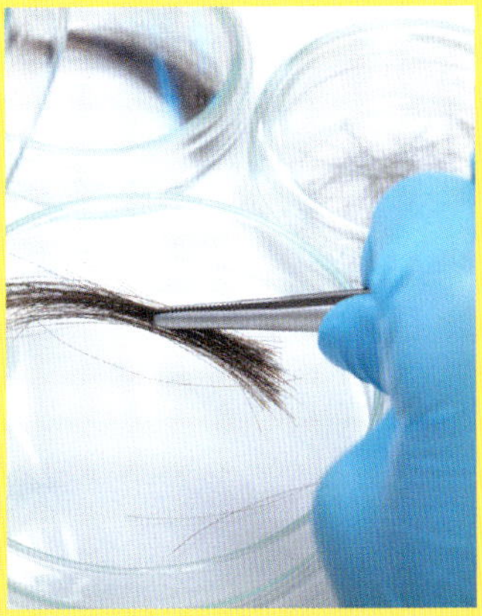

Sprache | mittel | gering | ja

Was du brauchst:

- Stifte und Papier
- 26 Buchstaben
- eine Gesprächspartnerin oder einen Gesprächspartner

Die größte Erfindung der Menschheit

Feuer ist toll, das Rad auch. Und eine Welt ohne Reißverschlüsse wäre nicht dieselbe. Wo aber stünde die Menschheit, gäbe es keine Sprache und keine Schrift?

Wie du es machst:

1. Unterhalte dich – am besten langsam und deutlich – mit deinem Gegenüber. Schreibt beide jeweils auf, was der oder die andere sagt.

2. Hole die Zettel nach ein paar Tagen wieder hervor. Erstaunlich, oder? Ganz egal, wie viel du von eurem Gespräch noch erinnerst: Hier steht jedes Wort schwarz auf weiß, festgehalten für die Ewigkeit. Selbst eure Enkelkinder werden noch nachlesen können, was ihr euch gesagt habt.

Was ist passiert?

Die Erfindung der Sprachen ist eine der größten und wichtigsten der Menschheit. Wir können uns über Dinge unterhalten, Ereignisse und Gefühle beschreiben, von Sachen erzählen, die lange zurückliegen oder noch gar nicht stattgefunden haben. Das kann kein anderes Lebewesen auf diesem Planeten! Die Erfindung der Schrift ist sozusagen die Steigerung davon. Denn Sprache ist unsichtbar. Einmal ausgesprochen, bleibt ein Wort, ein Satz, ein Gedanke bestenfalls Erinnerung. Und auch die kann täuschen: Hattet ihr euch für morgen um 15 Uhr verabredet? War es übermorgen? War es eine Stunde später? Und wo überhaupt? Einmal aufgeschrieben, sind solche Informationen zweifelsfrei festgehalten – und der Verabredung steht nichts im Weg.

Die Schriftzeichen der Sumerer

Wo kannst du es sehen?

Seit unsere Vorfahren sich vor einigen Zehntausend Jahren die ersten Vorformen einer Schrift ausdachten und auf Steine ritzten, hat sich viel getan. Heute findest du Schrift und Texte überall. In Büchern und Zeitungen, auf Plakaten und vor allem natürlich auf Bildschirmen. Denk allein an die fast 200 Millionen E-Mails, die weltweit geschrieben werden und zwar, Achtung, in jeder einzelnen Minute des Tages! Stell dir vor, das würden sich die Leute alles erzählen! Ich sage nur: links rein, rechts raus. Und schon gemerkt? Auch du liest in diesem Moment einen Text. Stell dir vor, ich hätte dir diese mehr als 20 Anleitungen und Experimente nur beschrieben. Du hättest gewiss schon beim zweiten abgewunken und gesagt: Entschuldigung, das kann ich mir nicht alles merken. So kannst du in deinem eigenen Tempo lesen – und auch nur das, was dich wirklich interessiert …

Gefühle mittel gering ja

Was du brauchst:

- deine Mitschrift aus dem Gespräch von der vorherigen Seite
- dein Gegenüber von eben
- Stifte
- ein gutes Erinnerungsvermögen

Sag's mit Grinseköpfen

Wie kann ich meine Gefühle ausdrücken, das, was in meinem Innern unsichtbar für andere vor sich geht? Eine ziemlich einfache und immer beliebtere Methode sind Emoticons.

Wie du es machst:

1. Nimm dir, möglichst kurz nachdem du das Gespräch aufgeschrieben hast, und zusammen mit der Person, mit der du es geführt hast, deine Mitschrift noch einmal vor und lies sie Satz für Satz durch.

2. Zwar steht dort, hoffentlich, jedes Wort, das gesprochen wurde. Was aber unsichtbar bleibt, ist der dazugehörige Tonfall: Habt ihr einen Witz gemacht, klang die eine Antwort genervt, die andere kam eher pampig rüber?

3. Um das sichtbar zu machen, kannst du entweder Wörter ergänzen, wie „antwortete ich genervt". Oder du greifst, wie heute immer mehr Menschen, zu der Vielzahl von Emoticons, die es inzwischen gibt: Lachende oder weinende Gesichter, solche, die mit den Augen rollen, aber auch Gegenstände, die zum Beispiel Begeisterung (ein Feuerwerk) zeigen oder dass du etwas richtig Sch... findest (ein Sch...haufen).

Was ist passiert?

Ein Bild sagt mehr als 1.000 Worte, heißt das Sprichwort. Und wer schon oft Emoticons verwendet hat, weiß: Das ist vielleicht übertrieben – aber nicht ganz falsch. Die Bildersprache erweitert das, was wir sagen wollen, oft in einfachster Weise um Feinheiten, für die man sonst eine Menge Wörter gebraucht hätte. Wenn einem überhaupt die richtigen eingefallen wären.

Wo kannst du es sehen?

Wo Schriftstellerinnen und Schriftsteller sich irre Mühe geben, um die Figuren in ihren Geschichten nicht nur reden zu lassen, sondern ihnen durch gezielt gewählte Worte auch Gefühle zu verleihen, bleibt das vor allem in Kurznachrichten und E-Mails oft auf der Strecke. Das führt schnell zu Missverständnissen. Was für eine geniale Erfindung sind da die Emoticons. Auch wenn manche Menschen mittlerweile von den gelben Grinseköpfen genervt sind, ersparen sie doch manche Grübelei über die richtige Formulierung – und manchmal sogar Ärger. Der Begriff Emoticon ist ein Kofferwort aus Icon und Emotion. Verwendet wurden die Vorgänger der Emoticons schon vor über 100 Jahren, damals natürlich noch auf Papier. Aber erst in den letzten Jahren sind sie zu einer Art neuer, weltumspannenden Sprache geworden.

Kurzer Check

Auf zur letzten Runde! Egal, ob Geschwindigkeit des Herzschlags oder Menge der E-Mails pro Minute: Diese Fragen hier zu lösen, ist für dich ganz sicher ein Klacks.

1. Wie oft schlägt ein Kinderherz durchschnittlich in der Minute?

a) etwa 90-mal
b) etwa 9-mal
c) etwa 900-mal

2. Weshalb macht eine Taschenlampe keine Handknochen sichtbar?

a) In der Hand befinden sich kaum Knochen.
b) Weil die Knochen dieselbe Farbe haben, wie das Gewebe drumherum.
c) Weil das Licht der Lampe vorher schon so stark abgelenkt wird, dass es nicht tief genug eindringt.

3. Was sind Papillarlinien?

a) Ursprünglich bestanden die Baumreihen links und rechts von Alleen ausschließlich aus Pappeln. Der Name der Linien hat sich bis heute erhalten.
b) Das ist ein anderer Name für die Hilfslinien beim Noten schreiben, wenn die fünf Grundlinien nicht mehr ausreichen, weil die Töne, die man notieren will, höher oder tiefer sind.
c) Die Rillen und Muster auf deinen Fingerkuppen

4. Was macht das Spülmittel mit den Körperzellen?

a) Es löst die Zellwände auf.
b) Es löst Fett und Schmutz auf den Zellwänden.
c) Nichts, aber so riecht das Experiment besser.

5. Wie viele E-Mails werden ungefähr in jeder Minute weltweit verschickt?

a) 20 Millionen
b) 200 Millionen
c) 2 Milliarden

1a) im Ruhezustand sind es rund 90 Schläge in der Minute. Wenn du gerade Sport gemacht hast, sicher spürbar mehr. Aber garantiert keine 900. Mehr dazu auf Seite 50. **2c)** Gewöhnliches Licht wird von Haut, Muskeln und Gewebe stark abgelenkt. Bis zu den Knochen dringt es daher nicht vor. Mehr dazu auf Seite 54. **3c)** Jeder Mensch hat einen einzigartigen Fingerabdruck, der entsteht durch die Papillarlinien auf der Haut. Mehr dazu auf Seite 56. **4a)** Durch das Spülmittel werden die Zellwände aufgelöst und das Erbgut im Zellkern liegt frei. Mehr dazu auf Seite 58. **5b)** Es sind ungefähr 200 Millionen. Zweieinhalbmal so viele, wie Menschen in Deutschland wohnen. Mehr dazu auf Seite 60.